Números de Teléfono

Nombre de la_____ **DATE DUE** _____

Teléfono: _____

Dirección: _____

Nombre del vecino: _____

Teléfono: _____

Nombre de un familiar: _____

Teléfono: _____

Nombre de un familiar: _____

Teléfono: _____

Otros números de teléfono:

Nombre: _____ Teléfono: _____

Nombre: _____ Teléfono: _____

Nombre: _____ Teléfono: _____

Nombre: _____ Teléfono: _____

Nombre: _____ Teléfono: _____

Información de Salud

Alergias:_____

_____

_____

_____

Problemas médicos:_____

_____

_____

_____

Lugar de Orden Previa:_____

_____

JUL 0 0 2019

Qué Hacer Para la Salud de las Personas Mayores

Fácil de leer • Fácil de usar

Albert Barnett, M.D.
Nancy Rushton, R.N.

Institute for Healthcare Advancement
501 S. Idaho St., Suite 300
La Habra, California 90631
(800) 434-4633

A Nuestros Lectores

Este libro es para personas mayores de
62 años de edad. Le explica sobre:

- Dónde obtener atención médica.

- Cómo escoger un médico.

- Seguros médicos para personas
  mayores.

- Lo que puede hacer para
  mantenerse activo y saludable.

- Los cambios que ocurren
  cuando uno envejece.

Las personas mayores de hoy en día viven más que antes.
Ellos se divierten y disfrutan de la vida. Como persona mayor,
es necesario mantenerse activo. No debe depender de otros para
que la cuiden.

Usted quiere tener la mejor atención médica a un costo que esté
al alcance de su bolsillo. Para lograrlo, usted debe tomar control
de su atención médica. Usted debe saber cuáles son sus derechos,
cómo funciona el sistema de atención médica, y lo que puede
hacer para mantenerse saludable.

Este libro usa palabras de la vida diaria para que sea fácil de leer y
usar. Lea este libro para aprender cómo ocuparse de su salud.
Este libro no reemplaza la atención médica brindada por médicos
y enfermeros. Usted debe ver a un médico si cree que tiene un
problema médico.

Las siguientes son algunas cosas que usted debe hacer apenas reciba este libro:

- Llene los números de teléfono al comienzo del libro.

- Vaya a la página 231 para saber qué contiene este libro.

- Lea y siga los consejos de seguridad que aparecen en las páginas 2 a la 15.

- Lea algunas páginas de este libro todos los días hasta que haya leído todo el libro.

- Conforme lea este libro, apunte cosas sobre su salud que quiera recordar. Muéstrele este libro a familiares y amigos.

- Mantenga este libro en un lugar donde lo encuentre fácilmente.

- Hay una lista de palabras al final de este libro. Esta lista le da el significado de algunas de las palabras de este libro.

Este libro ha sido leído por médicos, enfermeras y otros profesionales capacitados en el cuidado de las personas mayores. Ellos están de acuerdo con la información que aparece en este libro. Ellos piensan que esta información es segura y útil. Sin embargo, cada persona es diferente. Es posible que algunos consejos de este libro no sean apropiados para usted. Usted debe decidir cuándo llamar al médico y cuándo ir al hospital.

Si tiene preguntas o preocupaciones sobre el contenido de este libro, pregúntele a su médico. Siempre haga lo que su médico u otro profesional de la salud capacitado le diga.

Cuándo Obtener Ayuda Inmediata

Esta es una lista de situaciones en las cuales usted debe obtener ayuda médica inmediata:

- Si tiene problemas para respirar.

- Si tiene un dolor fuerte en el pecho y está sudando.

- Si tiene dolores fuertes en el cuello, hombros y brazos.

- Si de repente no puede hablar.

- Si de pronto no puede mover un lado de su cuerpo.

- Si siente un lado de su cuerpo entumido (entumecido).

- Si de repente tiene dolor en un ojo.

- Si de repente no puede ver con un ojo.

- Si tiene una hemorragia (sangrado) que no para.

- Si tiene dolor después de una caída.

Cuando necesite ayuda inmediata, llame al 911 o al servicio de emergencia local.

Contenido de Este Libro

Contenido de Este Libro

Contenido de Este Libro

Consejos de Seguridad para Personas Mayores

Apuntes

_____

_____

_____

_____

_____

_____

_____

_____

_____

_____

_____

_____

_____

_____

La Seguridad en el Hogar

¿En qué consiste?

La seguridad consiste en las cosas que usted hace en el hogar para mantenerse seguro.

¿Qué debo saber sobre las caídas?

- Cada año, uno en cada 3 personas mayores de 65 años sufre una caída.
- Los cambios que ocurren con el envejecimiento aumentan las posibilidades de que las personas mayores se caigan.
- Los siguientes son algunos de estos cambios:
    - Coyunturas tiesas
    - Problemas con la vista
    - Los mareos
- La mayoría de las caídas pasan en el hogar.

Mantenga los alambres de luz fuera del camino.

- Si usted se cae, es posible que tenga miedo de volver a caerse. Quizá haga menos actividades. Hacer menos actividades le debilitará. No evitará que se vuelva a caer.

- La cerveza, el vino y el trago pueden hacer que la gente se sienta temblorosa y débil. Las personas mayores que toman alcohol pueden sufrir una mala caída.

- Es posible que los medicamentos hagan que las personas se pongan somnolientas y lentas. Las personas mayores pueden caerse si se levantan a la media noche después de tomar una píldora para dormir.

¿Qué puedo hacer para no caerme dentro de mi hogar?

- Manténgase activo.

- Haga ejercicio todos los días. Lea la sección sobre el ejercicio en la página 112.

- Tenga mucho cuidado al caminar si toma cerveza, vino o cualquier otro trago, o si está tomando píldoras para dormir.

Haga cosas para mantener sus músculos fuertes.

- Al levantarse de la cama, siéntese al costado de ésta durante algunos segundos antes de ponerse de pie.

La Seguridad en el Hogar

- Mantenga su hogar bien iluminado. Abra las cortinas durante el día. Prenda las luces en la noche. Use lamparitas en el dormitorio, baño y pasillos.

- Mantenga una linterna en cada cuarto.

- Mantenga el piso seco. No use cera en los pisos.

- Ponga todo en su lugar. Deshágase de las sillas y mesas que no use.

Use lamparitas en la noche.

- Mantenga el piso libre de cosas. No use tapetes. Mueva los alambres eléctricos y otros objetos fuera del camino.

- No deje cosas en las escaleras. Mantenga las escaleras bien iluminadas. Coloque cinta adhesiva de color en los bordes de cada escalón. Use los pasamanos.

- Es fácil caerse cuando hay un solo escalón. Sepa donde están los escalones solos en su casa.

Fíjese en los escalones solos.

La Seguridad en el Hogar

- Ponga barras o agarraderas cerca de la bañera, regadera y excusado.

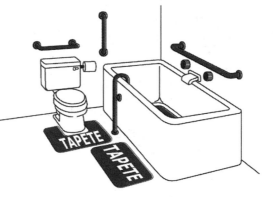

- Párese en un tapete de hule en la bañera y en la regadera.

- Siéntese en sillas de las que se pueda levantar fácilmente. Asegúrese que:

  - El asiento esté nivelado.

  - Su espalda esté contra el respaldar de la silla.

  - Los brazos de la silla sean del largo de sus brazos.

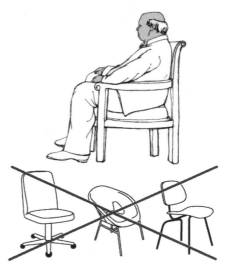

Tipos incorrectos de sillas.

- Use zapatos que le queden bien y que tengan tacones bajos. No use zapatos con suelas que le hagan resbalarse. No use pantuflas que le queden flojas.

- Guarde las cosas que usa frecuentemente donde las pueda alcanzar fácilmente.

La Seguridad en el Hogar

- Trate de no utilizar una escalera. Si tiene que utilizar una escalera, nunca se pare en los dos peldaños más altos. No utilice una escalera si se siente mareado.

- Utilice una escalera pequeña con barandas. Párese al medio del peldaño.

Use escaleras pequeñas con barandas.

- Tenga un teléfono en las habitaciones donde pasa mucho tiempo o tenga un teléfono celular en el bolsillo. Si le sucede algo, podrá llamar para pedir ayuda.

¿Qué puedo hacer para no caerme fuera de mi hogar?

- Mantenga una luz prendida en la noche en su patio y en el jardín.

- Siempre camine donde esté bien iluminado.

- Limpie las hojas, el hielo y otras cosas de las banquetas.

Barra las hojas de la banqueta para evitar caídas.

- Trate de no caminar afuera si el suelo está congelado o mojado.

- Mantenga las barandas en buenas condiciones.
- No pase mucho tiempo afuera cuando haga mucho calor ya que se puede marear y caer.
- Ponga atención a escalones solos o a pisos disparejos.
- Trate de sujetarse de alguien cuando camine en pisos disparejos.
- No cargue más de una bolsa cuando camine.
- Ponga cuidado a los bloques de concreto que marcan los lugares de estacionamiento.

Tenga cuidado cuando camine donde haya bloques de concreto que marcan los lugares de estacionamiento.

¿Qué puedo hacer si me caigo?

- Quédese quieto por unos momentos. Respire profundo para que se calme.
- Revise si se ha lastimado. Mueva sus brazos y piernas lentamente.
- Si tiene un dolor fuerte en un brazo o pierna, trate de no moverla.
- Póngase de costado. Trate de levantarse hasta que se pueda sentar.
- Quédese sentado por unos minutos.

• Gatee hasta una silla fuerte. Apóyese para levantarse. Si no se puede levantar, llame para que le ayuden.

Use una silla para apoyarse y levantarse después de una caída.

Otros consejos sobre seguridad:

• Coloque su calentador de agua a una temperatura máxima de 120 grados Fahrenheit o 49 grados centígrados.

• Tenga detectores de humo en todas las habitaciones y en el corredor. Pídale a un familiar o una persona que le brinda servicios que les coloque baterías nuevas.

• Consiga un extinguidor para su casa. Manténgalo a la mano y sepa cómo usarlo.

• Sepa cómo salir de su casa si llega a haber un incendio.

• Tenga alarmas de monóxido de carbono en la cocina y en los dormitorios.

• Nunca deje un carro prendido en el garaje ni siquiera por un minuto.

• Nunca prenda el horno o la estufa para calentar su casa.

• No queme carbón dentro de su casa.

La Seguridad en el Hogar

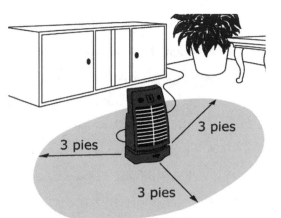

- Mantenga los calentadores portátiles a 3 pies de distancia de todo.

- Haga revisar y limpiar su chimenea cada año.

- No fume. Si usted fuma:
  - No fume en su cama.
  - Use ceniceros que no se voltean.
  - Remoje todos los cigarrillos y colillas en agua.

- Si usted usa una cobija eléctrica:
  - No meta las esquinas debajo del colchón.
  - No coloque nada encima de la cobija.
  - No deje que las mascotas duerman sobre la cobija.

- Nunca toque los interruptores de la luz u objetos eléctricos cuando sus manos o pies estén mojados.

- Use ollas y sartenes livianos, y quédese en la cocina cuando tenga comida en la estufa.

Quédese en la cocina cuando la comida se esté cocinando.

La Seguridad en el Hogar

- Use una tetera que silbe o que se apague cuando hierva.
- Use tostadoras o cafeteras que se apaguen solas.
- Tenga cuidado si usted calienta comida en el microondas. La comida o el plato pueden calentarse tanto que lo pueden quemar.
- Use relojes con alarmas para que le recuerden de apagar las cosas.
- No guarde medicamentos junto a los detergentes del lavaplatos o de la bañera, o junto a insecticidas u otros venenos.
- Siempre mantenga las cosas en sus frascos originales. No ponga venenos en frascos o botellas vacías.
- Nunca mezcle los detergentes como el blanqueador Clorox y el amoníaco. Esta combinación puede soltar un gas venenoso que le puede hacer mucho daño.

- Use un casco cuando monte en bicicleta. El casco le debe cubrir la parte de arriba de la frente.
- Si usted tiene una pistola, manténgala en un lugar seguro con llave. Asegúrese que no esté cargada. Guarde las balas lejos de la pistola.

Un casco de bicicleta debe cubrir la parte de arriba de la frente.

- Siempre esté acompañado cuando nade, camine lejos, haga trabajo pesado o juegue.

- No deje notas en su puerta o periódicos en su jardín. Esto le indica a los extraños que usted no está en casa.

¿Cuándo debo obtener ayuda?

- Si necesita ayuda para crear un hogar seguro.
- Si sufre una caída.

El Manejar con Seguridad

¿De qué se trata?

Son las reglas de seguridad para las personas mayores cuando manejan un carro.

¿Qué necesito saber?

- Manejar un carro significa mucho para las personas mayores, pues esto les permite poder ir a sitios por su cuenta. Esto les da libertad.

- Algunas personas que tienen más de 65 años tienen problemas para manejar. Puede que ya no estén tan seguros como antes. Ellos pueden tener problemas de la vista o del oído, y quizás no se pueden mover rápidamente.

- Las personas mayores a veces no:
  - Ven los peligros en las carreteras.
  - Escuchan las sirenas o las pitadas.
  - Reaccionan lo suficientemente rápido ante el peligro.

- Los accidentes de carros son una de las principales causas de muerte de las personas mayores.

- Las personas mayores pueden estar seguras en la carretera si conservan los buenos hábitos al manejar.

¿Qué puedo hacer por mí mismo?

- Hay muchas cosas que usted puede hacer para ser un conductor seguro, por ejemplo:

  - Haga menos vueltas en U o vueltas a la izquierda.

  - Maneje un carro del cual usted pueda ver bien el camino.

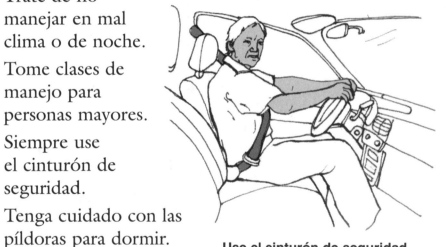

Maneje un carro que le ayude a ver el camino.

  - Trate de no manejar en mal clima o de noche.

  - Tome clases de manejo para personas mayores.

  - Siempre use el cinturón de seguridad.

  - Tenga cuidado con las píldoras para dormir. Estas le pueden dar una

Use el cinturón de seguridad.

  sensación de estar desvelado la mañana siguiente. No maneje si se siente desvelado.

  - Mantenga un teléfono celular en el carro para pedir ayuda.

- Asegúrese que sus limpia-parabrisas trabajen y que tengan líquido.
- Obedezca los límites de velocidad.
- Use las luces direccionales.
- No coma ni use el teléfono celular cuando maneje.
- Sólo cambie de carril cuando necesite hacerlo.
- Asegúrese que sus luces delanteras estén limpias.
- Mantenga su carro en buen estado.
- Use lentes si los necesita.
- Use lentes oscuros cuando el sol le dé en los ojos.
- Sepa adónde se dirige antes de salir. Lleve el número de teléfono con usted. Encuentre adónde va en un programa de computación o programe su sistema de GPS antes de comenzar a conducir.
- Si se pierde, deténgase y pregunte qué calle o camino debe tomar o deténgase al costado del camino y use su teléfono celular.

- No maneje:
  - Después de haber tomado cerveza, vino o trago.
  - Si usted toma medicamentos que le causan sueño o mareos.
  - Cuando se sienta enfermo.

- Si usted tiene que manejar de noche:
  - Dese tiempo para que sus ojos se acostumbren a la oscuridad.
  - Maneje en los carriles de baja velocidad.

- No mire las luces de los carros que vienen en dirección opuesta.
- Hay cosas que puede hacer para manejar menos:
  - Compre por computadora, televisor, o radio.
  - Utilice servicios de entrega a domicilio.
  - Compre por correo.

Utilice servicios de entrega a domicilio.

  - Vaya a sitios acompañado de otras personas.
  - Use los servicios automáticos del banco para hacer depósitos y pagar las facturas.

¿Cuándo debo llamar al médico o a la enfermera?

- Si desea saber si manejar es seguro para usted.
- Si tiene preguntas sobre los medicamentos que está tomando.
- Si no ve bien cuando maneja.

El Abuso de las Personas Mayores

¿En qué consiste?

El abuso de las personas mayores es cuando se le hace daño a una persona mayor. Los responsables del abuso pueden ser el cónyuge, la persona que cuida la persona mayor, otros miembros de la familia, un extraño, o un voluntario. El abuso puede ser un daño al cuerpo, la mente, o al espíritu de las personas mayores. El engañar y robarle a una persona mayor también es abuso y se llama fraude.

¿Qué necesito saber?

- Las personas mayores tienen derechos.
- El abuso a las personas mayores le puede pasar a cualquiera y en cualquier lugar. Algunos ejemplos de situaciones de abuso son:
  - Golpear.
  - Empujar.
  - Violar.
  - Decirle vulgaridades.
  - No darle comida.
  - No darle ayuda médica.
  - Darle a una persona mayor demasiados medicamentos.

- Robarle.

- Encerrar la persona en un cuarto con llave.

- Tratar a una persona mayor como un niño.

- Robarle a una persona mayor es la forma más común de abuso. Las personas mayores que viven solas son víctimas fáciles de esta forma de abuso.

- Algunas artimañas que se usan para aprovecharse de las personas mayores son:

  - La venta de cosas a través del teléfono.

  - Reparaciones en el hogar o del carro que la persona mayor no pidió.

  - Exámenes médicos gratis.

  - Decir que la persona mayor ganó la lotería o un premio, pero debe pagar primero.

  - Organizaciones de caridad que no existen.

  - Curas para la calvicie, la artritis y otras cosas.

- Muchas personas mayores guardan en secreto que son víctimas de fraude y abuso. Están avergonzadas o tienen miedo de decírselo a alguien.

¿Qué puedo hacer por mí mismo?

- Mantenga buenas relaciones con sus viejos amigos y con sus vecinos. Invite a sus amigos a que le visiten y vean cómo está usted.

- Mantenga control de su dinero y de otras cosas.

- Haga que depositen sus cheques del seguro social y de su pensión directamente a su cuenta bancaria.

- Pida ayuda para lidiar con papeles que usted no entienda. Hable con un abogado, médico o con un miembro de la familia.

Pida ayuda para lidiar con papeles legales.

- Tenga cuidado con:

  - Los vendedores que van de puerta en puerta.

  - Llamadas de gente extraña que le hacen preguntas acerca de dinero, tarjetas de crédito o sobre su familia.

  - Papeles que parecen oficiales que llegan por correo.

  - Laboratorios móviles que ofrecen exámenes gratis.

  - Mensajes telefónicos que le dicen que debe llamar a un número que tiene el código de area 900 ó 809. Llamar a estos números le puede costar mucho dinero.

- Llamadas telefónicas o cartas que dicen que usted ha ganado algo.

- Cuelgue el teléfono si recibe una llamada de un extraño.

- No le abra la puerta a personas desconocidas.

- No le diga que usted vive solo a personas desconocidas.

- Lea y envíe su propio correo.

- Guarde sus tarjetas de crédito, dinero en efectivo, y otros objetos de valor cuando tenga trabajadores en la casa.

- Manténgase alerta a los fraudes por correo dirigidos hacia las personas mayores.

  - Si tiene que enviar un correo, déselo directamente al cartero o llévelo a la oficina de correos. No lo deje en su buzón.

  - Nunca envíe dinero en efectivo por correo.

  - No firme nada para obtener rebajas, regalos o cupones.

  - Entréguele este tipo de correo al cartero.

Pregúntele al cartero qué hacer con los fraudes por correo.

19

- Las siguientes son algunas cosas que usted no debe hacer:

  - No le compre nada a vendedores por teléfono o vendedores que van de puerta en puerta.

  - No dé por teléfono su número de cuenta bancaria o número del seguro social a nadie.

  - No le muestre a la gente grandes cantidades de dinero.

  - No firme ningún papel que usted no entienda completamente. Usted podría estar transfiriendo su propiedad a otra persona.

  - No le dé dinero en efectivo a las organizaciones de caridad. Déles un cheque.

¿Cuándo debo obtener ayuda?

- Llame, o pídale a alguien que llame por usted, a la policía local o a una agencia de servicio social si usted piensa que le están maltratando.

- Reporte su abuso o el abuso de otros inmediatamente.

Cómo Obtener Atención Médica

2

Apuntes

_____

_____

_____

_____

_____

_____

_____

_____

_____

_____

_____

_____

_____

Dónde Obtener
Atención Médica

¿Dónde ir?

Hay muchos lugares para obtener atención médica.
Cada lugar es bueno para lo que fue diseñado.

¿Qué necesito saber?

- Las siguientes son las maneras o lugares más comunes
  para obtener atención médica:
    - Consultorio médico
    - Centro de urgencias
    - Sala de emergencias de un hospital
    - Centro quirúrgico
    - Hospital
    - Hogar o instalación de cuidado por enfermeras
      calificadas
    - Hospicio
    - Llamadas al 911
    - Atención médica en el hogar
- También existen lugares especiales para pruebas y
  para terapias.

Consultorio Médico

- El consultorio de su médico es el mejor lugar para la
  mayoría de sus necesidades de salud. Su médico le
  conoce y tiene su expediente médico.

- Vaya al consultorio cuando no se trate de una emergencia. El consultorio de su médico es excelente para:

  - Resfriados y gripas.

  - Exámenes para problemas como la diabetes o la alta presión arterial.

  - Las pruebas como el papanicolau o los exámenes de la próstata.

  - Dolores como los causados por la artritis.

  - Vacunas para la gripa o la pulmonía.

  - Otros problemas de salud o preguntas que no sean de emergencia.

- Es mejor llamar y hacer una cita. Algunos médicos reservan tiempo para pacientes que necesitan pasar a consulta el mismo día.

- El consultorio de su médico es el lugar más barato para obtener atención médica la mayoría de las veces.

Llame para hacer una cita.

Centro de Urgencias

- Estos centros hacen lo mismo que hace su médico, pero tienen un horario de atención más largo. Muchos abren en las noches y en los fines de semana.

- Usted no necesita llamar por adelantado antes de ir a un centro de urgencias.

- Es posible que usted quiera llamar antes de ir para averiguar qué tanto tendrá que esperar antes de ser visto. Puede que la espera sea de 10 minutos a 2 horas.

- Pregunte en el consultorio de su médico dónde queda el centro de urgencias más cercano.

- Vaya a un centro de urgencias si:
  - Su médico está demasiado ocupado para atenderle.
  - Su médico está de viaje.
  - Usted está demasiado ocupado para ir al consultorio de su médico durante el horario de atención.
  - No puede conseguir un medio de transporte para ir al consultorio médico durante horas de oficina.

- Es posible que el centro de urgencias le cueste lo mismo o un poco más que el consultorio de su médico.

- Si usted cuenta con un Plan Medicare Advantage, es posible que su médico deba aprobar la visita a una clínica de atención de urgencias.

- En lo posible, siempre es mejor ir con su médico. Su médico le conoce y tiene su expediente médico.

Sala de emergencias de un hospital

- La sala de emergencias de un hospital tiene médicos y equipo especial para atender lesiones y enfermedades graves.

- La mayoría de las salas de emergencia están abiertas las 24 horas del día, todos los días.

- Vaya a una sala de emergencias si piensa que su vida puede estar en peligro. Las siguientes son algunas razones para ir a la sala de emergencias:

  - Hemorragias graves
  - Problemas para respirar
  - Fracturas
  - Dolor de pecho
  - Quemaduras graves
  - Desmayos
  - Si de repente no puede ver, oír o hablar.
  - Si de repente no puede usar sus brazos o piernas.

- En caso de emergencia, vaya directamente a la sala de emergencias. Usted no tiene que llamar al médico de antemano. Si usted cuenta con un Plan Medicare Advantage, deberá llamar a su médico en 24 a 48 horas después de su visita a la sala de emergencias. Es posible que su médico tenga que aprobar sus cuidados de seguimiento.

- Si usted va a la sala de emergencias para algo que no es una emergencia, como si se le dobla el tobillo, es posible que tenga que esperar varias horas antes de recibir atención médica.

- La sala de emergencias es un lugar muy costoso para obtener asistencia. Si usted cuenta con un Plan Medicare Advantage, es posible que no cubra la visita a la sala de emergencias si su vida no corre peligro.

- Quizá usted no sepa si su vida realmente está en peligro. Lo mejor es, primero, llamar a su médico o al Plan Medicare Advantage para obtener su aprobación.

Centro quirúrgico

- También conocido como centro quirúrgico diurno o centro quirúrgico para pacientes no hospitalizados. Algunos centros quirúrgicos están dentro de los hospitales.

- Un centro quirúrgico está diseñado para operaciones simples que no se pueden hacer en un consultorio médico.

- En la mayoría de los casos, usted puede irse a su casa unas horas después de la operación.

- En el consultorio médico le informarán sobre el centro quirúrgico. Asegúrese de saber cómo prepararse, si necesita análisis de laboratorio o si debe estar en ayunas.

- Si el centro quirúrgico es parte del Plan Medicare o Medicare Advantage, averigüe:
  - Cuál será el costo.
  - Cuánto tendrá que pagar.
- Usted puede obtener información sobre los costos llamando a Medicare al 1-800-633-4227.

Hospital

- Los hospitales son para cuando usted necesite quedarse internado. A esto se le llama cuidados a pacientes hospitalizados.
- Antes de ir al hospital, asegúrese de llenar sus instrucciones médicas anticipadas (ver página 46). Llévelas al hospital.
- Muchos hospitales también tienen centros para pacientes no hospitalizados. Estos centros tienen servicios como rayos X, pruebas y terapia. Es posible que su médico lo mande allí por estas razones.
- Los hospitales pueden ser muy caros. Antes de ir, averigüe:
  - Si el hospital es parte de su Plan Medicare Advantage.
  - Si usted o su médico necesitan obtener una autorización para sus cuidados.

- ■ Cuánto va a costar.

- ■ Cuánto va a tener que pagar.

- • Usted puede obtener información llamando a Medicare al 1-800-633-4227.

Hogar o instalación de cuidados por enfermeras calificadas (HCE)

- • Las personas van a un HCE cuando no necesitan quedarse en un hospital, pero están demasiado enfermas para regresar a su casa. Por ejemplo, después de un derrame cerebral o de una operación de la cadera.

- • Las personas van a un HCE para fortalecerse y poder cuidarse ellas mismas en sus hogares.

- • Algunos HCE están dentro de hospitales o muy cerca de ellos. Otros están más lejos. Trate de escoger uno que facilite que sus familiares y amigos lo visiten.

- • Es posible que usted tenga que quedarse en un HCE por unos cuantos días o unas cuantas semanas. La mayoría de las personas no tendrán que quedarse más de unas cuantas semanas.

Hospicio

- El personal de un hospicio cuida a personas que les queda poco tiempo de vida. Muchas de las personas en un hospicio tienen cáncer.

- El hospicio ayuda a las personas a lidiar con la muerte. El hospicio le da a las personas consuelo y alivio del dolor en los últimos meses de su vida.

Cuidados de hospicio en el hogar.

- El cuidado de hospicio se puede dar en el hogar. También se puede dar en un hogar de cuidado por enfermeras calificadas o en un hogar hospicio especial.

- Los cuidados de hospicio incluyen:

  - Médicos que dirigen la atención médica.

  - Enfermeras que dan los medicamentos y controlan el dolor.

  - Trabajadores sociales que ayudan con las emociones y otras necesidades.

  - Ayuda con el aseo y otros tipos de cuidado personal.

  - Equipo y artículos médicos.

  - Oración y charlas.

  - Personal capacitado en otros tipos de apoyo.

- El cuidado de hospicio debe ser recetado por un médico.

Llamadas al 911

- La mayoría de las ciudades en los Estados Unidos tienen un servicio de emergencia que utiliza a los paramédicos de las estaciones de bomberos. Ellos vienen a su hogar o al lugar de un accidente.

- Usted puede obtener esta ayuda llamando al 911 o a la estación de bomberos local.

- Llame al 911 sólo en casos de emergencia o si su médico le indica que llame. Una emergencia es cuando usted tiene un dolor grave o si piensa que su vida está en peligro.

Atención médica en el hogar

- La atención médica en el hogar es para personas que no pueden salir porque no pueden caminar o están tan enfermas o débiles que no pueden salir de su hogar (atadas). Una persona que no puede salir está atada a su hogar.

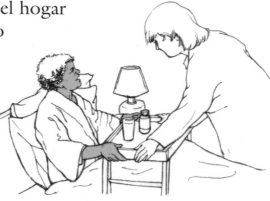

Persona mayor recibiendo atención médica en el hogar.

- La atención médica en el hogar debe ser recetada por un médico.

- La mayoría de las personas necesitan atención médica en el hogar sólo por un tiempo corto. Algunas personas necesitan estos cuidados después de salir del hospital.

- Usted puede obtener servicios en su hogar como:
  - Enfermeras que le dan vacunas, cuidan sus heridas, o para otro tipo de cuidados.
  - Terapia física para ejercicios o para enseñarle cómo usar muletas u otras cosas.
  - Terapia de lenguaje para aprender a hablar después de un derrame cerebral.
  - Ayudantes que limpian su casa y hacen las compras por usted.
  - Objetos como sillas de ruedas y andadores.
- Si su médico le receta atención médica en el hogar, averigüe cuánto le va a costar.

¿Qué puedo hacer por mi mismo?

- Llene las páginas al comienzo de este libro. Escriba los nombres, direcciones y números de teléfono de:
  - Su médico.
  - La sala de emergencias del hospital más cercano.
  - Los paramédicos o estación de bomberos.
  - Su farmacia.
  - Otros números de atención médica.
- Mantenga este libro donde lo pueda encontrar fácilmente.
- Apenas sepa que tiene un problema de salud, encárguese de él inmediatamente. No espere hasta que se convierta en un problema grande o en una emergencia.

Dónde Obtener Atención Médica

- Planee por adelantado su atención médica. Haga citas. Recuerde que el mejor lugar para obtener atención médica es el consultorio de su médico. Su médico lo conoce mejor que nadie y tiene su expediente. Es más cómodo ir al consultorio.

¿Cuándo debo llamar al médico o a la enfermera?

- Cuando no sepa dónde ir para obtener atención médica.
- Cuando tenga una pregunta sobre su atención médica.

Cómo Escoger un Médico

¿De qué se trata?

Se trata de encontrar un médico que lo atienda regularmente. Su médico es la persona que usted debe llamar para todos sus problemas y preguntas de salud. Él o ella es alguien en quien usted confía y quien lo ayuda a mantenerse saludable.

¿Qué necesito saber?

- Usted debe planear para una buena atención médica.

- El primer paso es encontrar un médico. Escoja un médico cuando esté saludable. No espere hasta que esté enfermo. Es posible que en ese momento no pueda escoger uno.

- Las siguientes son cosas en las que usted se debe fijar cuando busque un médico:

  - Que el médico tenga una licencia para practicar la medicina en su estado.

Las credenciales de un médico.

Cómo Escoger un Médico

- Que el médico trabaje con un buen hospital en su localidad.

- Que el médico sepa bastante sobre las necesidades de las personas mayores.

- Que usted se sienta cómoda con su médico.

- Que el médico lo escuche.

- Que el médico le explique las cosas con palabras que usted pueda entender.

- Que el personal del consultorio sea amigable y servicial.

- Que el médico tenga tiempo para usted.

- Pregúntese a sí mismo:

  - ¿Se siente usted mejor con un hombre o una mujer como doctor/doctora?

  - ¿Podrá llegar al consultorio de su médico fácilmente?

  - Si usted maneja, ¿tiene el médico un horario de atención en las mañanas? Esto evitará que usted maneje en las horas de tráfico pesado y después del anochecer.

  - Si usted necesita que alguien lo lleve, ¿tiene su médico un horario de atención que esté de acuerdo con sus familiares o amigos?

  - Si usted entiende mejor en otro idioma, ¿habla el médico y el personal del consultorio ese idioma?

Cómo Escoger un Médico

- Puede ser difícil encontrar un buen médico. Los siguientes son lugares donde puede obtener ayuda:
  - Si se va a mudar, pregúntele a su médico por médicos que sean buenos en su nueva área.
  - Si usted tiene un amigo o familiar que es enfermera o médico, pídale ayuda para encontrar un médico.
  - Llame al hospital de su localidad. Allí le darán nombres de médicos que trabajan con ese hospital.
  - Si usted cuenta con el Plan Medicare Advantage, hable con un enfermero administrador del caso. Pregunte los nombres de médicos buenos en su área.
- Escoja un médico certificado en medicina familiar o en medicina interna. Esto significa que el médico recibió capacitación avanzada en los años después de salir de la escuela de medicina. Estos médicos también tuvieron que pasar pruebas especiales.
- Algunos médicos han sido capacitados y tienen un interés especial en la salud de las personas mayores. A estos médicos se les conoce como geriatras. Ellos le dan atención médica a personas mayores que están muy enfermas y frágiles.
- Las compañías de seguro nombran a los médicos con el término "proveedores". Ellos llaman a su médico proveedor de cuidados primarios, médico general o PCP (en inglés).

- Su PCP tiene la imagen completa de su estado de salud. Su PCP:

  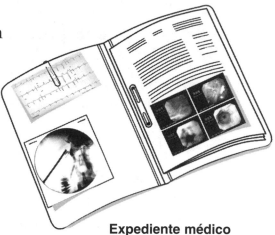

  Expediente médico

  - Colecta todos los resultados de sus exámenes. Su PCP también colecta información de otros médicos.

  - Le explica en términos simples cuál es su problema y cuáles son sus alternativas.

  - Decide con usted cuál es el mejor camino a seguir en cuanto a sus cuidados médicos.

  - Observa cómo le va.

  - Hace cambios en sus medicamentos y tratamientos, si son necesarios.

  - Le envía a otros médicos llamados especialistas para recibir una atención especial.

- Su proveedor de asistencia primaria se asegura de que usted reciba la cirugía o los tratamientos que necesita.

- Algunos proveedores de asistencia primaria cuentan con personas capacitadas que trabajan con ellos. Pueden ser enfermeros especializados (NP, por sus siglas en inglés) o ayudantes de médicos (PA, por sus siglas en inglés). Ellos pueden hacer muchas de las cosas que puede hacer su médico.

Cómo Escoger un Médico

¿Qué puedo hacer por mí mismo?

- Escoja un médico que sea su PCP o lo atienda regularmente. Obtenga ayuda para encontrar el médico correcto.

- Cuando tenga el nombre de un médico, llame para hacer un cita.

  - Fíjese cómo lo trata el personal por teléfono. ¿Son ellos amables y serviciales?

  - Pregunte si el médico está aceptando pacientes nuevos.

  - Si los está aceptando, pregunte qué tan pronto puede usted ir para un chequeo.

  - Tenga precaución si tiene que esperar más de un mes. Es posible que el médico esté demasiado ocupado. Procure llamar a otro médico.

  - Pregunte si el médico acepta Medicare.

- Planee antes de su chequeo:

  - Obtenga su expediente médico. Usted puede firmar un documento para que envíen su expediente a su nuevo médico. Usted también puede llevar su expediente. Puede que ésta sea la mejor opción si su chequeo es en menos de 4 semanas.

  - Traiga todos sus medicamentos. Esto incluye los que usted compra por su cuenta como aspirinas, hierbas y vitaminas.

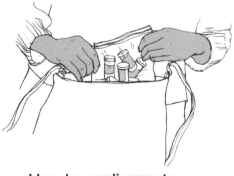

Lleve los medicamentos.

Cómo Escoger un Médico

- Haga una lista de las preguntas que quiere hacerle al médico. Ponga las preguntas más importantes al comienzo de la lista.

- Como tendrá que desvestirse, póngase ropa que sea fácil de quitar.

- Dese suficiente tiempo para llegar a la oficina para no andar apurada. Como paciente nuevo, necesitará por lo menos 15 minutos para llenar papeles.

- Cuando llegue al consultorio:

  - Fíjese cómo se ve el consultorio. ¿Se ve limpio y ordenado?

  - ¿Cómo lo trata el personal? ¿Lo recibieron bien?

  - Fíjese cuanto se tarda para ver al médico. Tenga precaución si tiene que esperar más de 30 minutos después de la hora de su cita. ¿Le explica el personal los motivos de las demoras?

  - ¿Cómo lo recibe el médico? ¿Está apurado? ¿Se sienta el médico a escucharlo y demuestra interés?

  - ¿Lo escucha el médico? ¿Habla el médico cuando usted está hablando?

  - ¿Entiende usted lo que le dice el médico? ¿Usa él o ella palabras médicas complicadas o palabras simples que usted entienda?

  - Pregunte qué pasa si se enferma después del horario de atención. ¿Hay un médico disponible? ¿Hay un centro de urgencias al que usted puede ir?

Cómo Escoger un Médico

- Cuando llegue a la casa, piense cómo le fue en su consulta.
    - ¿Se sintió bien con su médico?
    - ¿Se sintió cómodo haciendo preguntas?
    - ¿Tuvo el médico suficiente tiempo para usted?
    - ¿Confía usted en su médico?
    - Si no está seguro, vaya con otro médico.
- El escoger un médico es muy importante. Tómese el tiempo necesario para tomar la decisión correcta.

¿Cuándo debo llamar al médico o a la enfermera?

- Cuando quiera saber más de un médico.
- Cuando quiera ir a un médico nuevo.

Cómo Hablar con su Médico

¿De qué se trata?

Se trata de que todas sus preguntas sean respondidas y que usted entienda sus problemas de salud y lo que necesita hacer.

¿Qué necesito saber?

- Usted necesita poder hablar con su médico para recibir un buen cuidado médico.

- Tenga todo listo para su visita con el médico. Su médico es una persona ocupada. Usted puede ayudar si viene con todo listo para su consulta.

- Antes de la consulta, escriba todas sus preguntas. Coloque las preguntas más importantes al principio de su lista. Haga todas las preguntas incluso aquellas que parezcan tontas.

Escriba sus preguntas.

- Los siguientes son algunos ejemplos de las preguntas que usted puede hacer:

  - ¿Qué tengo?

- ■ ¿Es grave?

- ■ ¿Cuáles fueron los resultados de las pruebas de sangre?

- ■ ¿Cuándo puedo dejar de tomar el medicamento para el dolor en el pie?

- ■ ¿Puedo seguir subiendo y bajando las escaleras?

- No hable de banalidades con su médico. Use el primer minuto de la visita para contarle su problema.

- Los siguientes son algunos ejemplos de preguntas que el médico le puede hacer a usted. Piense con anticipación acerca de la mejor manera en que puede responderlas.

- ■ ¿Cuándo comenzó el problema?

- ■ ¿Qué hace que se sienta peor?

- ■ ¿Qué hace que se sienta mejor?

- ■ ¿Alguna vez había tenido este problema antes?

¿Qué puedo hacer por mí mismo?

- Planee llegar al consultorio temprano para que no se sienta apurado.

Cómo Hablar con su Médico

- Pida que lo acompañe alguien, especialmente si se le hace difícil entender al médico.

- Lleve puesto su audífono para la sordera y sus lentes. Estos le ayudan a escuchar y entender mejor.

- Traiga su tarjeta de Medicare o de cualquier otro seguro de salud.

- En lo posible, trate de hablar por usted mismo.

- Haga una lista de todos sus medicamentos. Vea la página 60 para saber cómo tomar control de sus medicamentos. Haga una lista de los medicamentos recetados por los médicos. Y también haga una lista de las hierbas y vitaminas que compra en la tienda. Lleve la lista a su consulta médica.

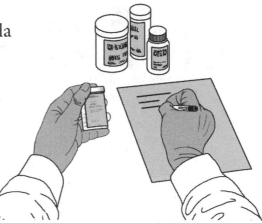

Haga una lista de los medicamentos.

- Coloque todos los medicamentos en una bolsa y llévelos a la consulta médica.

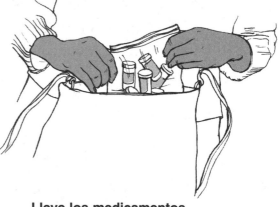

Lleve los medicamentos.

Cómo Hablar con su Médico

- Mantenga una lista de los medicamentos a los cuales usted es alérgico. Ponga en la lista los medicamentos que le hacen daño. Asegúrese de decirle al médico sobre estos medicamentos.

- Lleve un papel y una pluma a la consulta. Tome nota de lo que el médico le diga que haga en su casa.

- Es posible que el médico le diga que debe cambiar la manera de tomar algunos de sus medicamentos. Pídale al médico que le coloque una etiqueta en el frasco del medicamento que le indique cómo tomarlo.

- Escuche a su médico. No crea que usted ya sabe todo sobre su problema.

- Antes de que se termine su consulta, asegúrese que usted entiende:
  - Qué tiene.
  - Cuál es el tratamiento que le han recetado.
  - Por qué le han recetado ese tratamiento.
  - Qué medicamentos se debe tomar y cuándo.
  - Cuándo debe regresar a ver al médico.

- Usted está en control de su propia salud. Usted puede ver otro médico para que le aconseje acerca de su problema. Y también puede cambiar de médico.

¿Cuándo debo llamar al médico o a la enfermera?

- Si usted no está seguro sobre lo que el médico le ha dicho.

- Si su problema se está empeorando.

- Si el médico le pidió que le avisara cómo se siente.

- Si lo que le dijo el médico que hiciera no está funcionando.

- Si usted quiere saber los resultados de una prueba.

Las Decisiones sobre la Atención Médica al Final de la Vida

¿De qué se trata?

Se trata de las decisiones que usted toma ahora sobre la atención médica que usted desea recibir al final de la vida. También se les conoce como instrucciones médicas anticipadas.

¿Qué necesito saber?

- Usted puede tomar control de la atención médica al final de sus días. Escriba sus decisiones ahora. De esta manera, si usted llega a estar demasiado enfermo y no puede hablar, las demás personas todavía podrán saber cuáles son sus deseos.

- Si usted no escribe sus decisiones por adelantado, los médicos tienen que hacer todo lo que puedan para mantenerlo con vida. Ellos harán esto sin importar lo que usted desee, a menos de que usted escriba sus decisiones.

- Cada estado tiene sus propias reglas acerca de las decisiones al final de la vida. Los hospitales y hogares con enfermeras le pueden informar sobre las reglas del estado donde usted vive.

- Existen documentos legales que usted puede usar para escribir sus decisiones de atención médica al final de la vida.

- Use uno de los siguientes documentos:

Instrucciones Médicas Anticipadas o un Poder Duradero para la Atención Médica.

Tenga un documento legal que diga cuáles son sus decisiones para cuando usted no pueda hablar.

  - Utilice este documento para escoger a alguien en quien usted confía para que tome decisiones por usted. Esta persona hará esto cuando usted esté demasiado enfermo para hablar.

Testamento Vital

  - Use este documento para indicar qué tipo de atención médica desea que le den o que no le den en caso de que ya no haya esperanza de que se vaya a mejorar.

Instrucciones para el Médico

  - Escriba en este documento qué tipo de atención médica desea que le den. Esto es para cuando usted esté demasiado enfermo y ya no pueda hablar.

  - Este documento también indica qué tipo de atención médica usted quiere o no quiere que le den cuando esté agonizando.

- Usted puede obtener estos documentos legales de los siguientes lugares:
  - Consultorio de su médico
  - Hospitales
  - Hogar con enfermeras
  - Tiendas de artículos de oficina o librerías
  - Programas de computadoras
  - Agencias de servicios a las personas mayores
- Usted puede cambiar de parecer después de haber escrito sus decisiones.
- Los médicos tienen que obedecer las decisiones que usted escriba en los documentos legales.
- Los documentos legales tienen que:
  - Estar firmados por usted.
  - Estar firmados por una persona que la vio a usted firmar. A esta persona se le llama testigo.
  - Tener la fecha.
- Utilice los documentos legales correctos para asegurarse que sus decisiones sean respetadas.

¿Qué puedo hacer por mí mismo?

- Piense sobre lo que usted quiere que le hagan al final de sus días:
  - Si usted ya no puede comer, ¿quiere que le den de comer a través de un tubo?

Las Decisiones sobre la Atención Médica

- Si su corazón o su respiración para, ¿quiere que alguien le presione el pecho y respire en su boca para rescatarlo? A esto se le llama resucitación cardiopulmonar (CPR, en inglés).

- ¿Quiere usted una máquina que le ayude a respirar?

- ¿Qué tal si usted ya no se puede mover (si está paralizado) y no se puede cuidar a sí misma?

- Es posible que estas decisiones sean muy difíciles de tomar. Estas personas le podrán ayudar:
  - Médicos
  - Enfermeras
  - Trabajadores sociales
  - Líderes espirituales
  - Consejeros para personas mayores

- Escriba sus decisiones en uno o más de los documentos legales que se mencionaron en la página 46. Haga esto mientras que usted pueda pensar con claridad y tomar sus propias decisiones.

- Sea claro acerca de la atención médica que usted quiere.

- Los documentos legales pueden ser difíciles de entender. Si usted necesita ayuda, vaya al departamento de servicios sociales de su hospital local. Usted también puede pedir ayuda en su centro de personas mayores.

Las Decisiones sobre la Atención Médica

Hable con su familia sobre sus decisiones.

- Para algunas personas es muy difícil hablar sobre el final de la vida. Usted puede obtener ayuda para hablar con su familia en los siguientes lugares:

  - El departamento de servicios sociales de su hospital local.

  - Su lugar de oración.

  - Su centro local de personas mayores.

- Si escoge a alguien para que tome decisiones por usted, las siguientes son algunas cosas que usted debe hacer:

  - Pase tiempo con esa persona.

  - Hable sobre lo que es importante para usted.

  - Dígale más de una vez cuáles son sus decisiones.

- Haga que coloquen una copia en su expediente médico del documento legal con sus decisiones sobre la atención médica al final de la vida.

Las Decisiones sobre la Atención Médica

- Mantenga sus documentos legales en un lugar seguro. Dígale a otras personas donde se encuentran.

- Si usted llama al 911, dígale a alguien que traiga sus documentos legales. Trate de llevarlos a la sala de emergencias.

¿Cuándo debo llamar al médico o a la enfermera?

- Si usted necesita ayuda para tomar sus decisiones sobre la atención médica al final de la vida.

- Si usted le quiere dar una copia a su médico del documento legal con sus decisiones sobre la atención médica al final de la vida.

El Examen Físico

¿En qué consiste?

El examen físico es una cita médica cuando usted no está enfermo. Esta consulta es para chequear su salud y detectar cualquier problema a tiempo. También se le conoce como un examen físico anual o un chequeo.

¿Qué necesito saber?

- Hágase un chequeo una vez al año con su médico regular. El motivo para el examen es para detectar problemas que usted no sabe que tiene. Muchas enfermedades se pueden mejorar o curar si se detectan temprano.

- El examen es una buena oportunidad para que usted y su médico:

Cuéntele a su médico sobre su salud.

  - Repasen todos los medicamentos que usted toma.

  - Hable de nuevos problemas que usted pueda tener.

  - Haga preguntas.

  - Repase cualquier cambio en su vida desde su última cita.

El Examen Físico

- El examen físico está dividido en cuatro partes:

Historial médico y familiar

- Este es un archivo de todos los problemas de salud y tratamientos que usted ha tenido. Se hace la primera vez que usted va a un médico nuevo. Esta información le ayuda al médico a conocerlo mejor.

- Le harán preguntas sobre:
  - Enfermedades del corazón, cáncer, diabetes y enfermedades de la niñez.
  - Los problemas de salud de sus padres, abuelos y otros familiares.
  - Sus hábitos de comer y de beber.
  - Su hábito de fumar.
  - Si usted se puede cuidar a sí mismo, como si se puede bañar o vestirse solo.
  - Todos los medicamentos que usted toma.

Medidas del cuerpo y examen

- El médico o la enfermera le:
  - Medirá su estatura.
  - Tomará su peso.
  - Tomará su temperatura.
  - Tomará su presión arterial.
  - Tomará su pulso (latido del corazón).

- Averigüe cuál es su peso, pulso y presión arterial. Anótelos y compárelos con sus resultados futuros.

Pregúntele a su médico qué significa si los números cambian.

- El médico o enfermera:
  - Mirará sus ojos, oídos, nariz y boca.
  - Mirará su piel.
  - Presionará y empujará su estómago y otros lugares para ver si le duele.
  - Sentirá y presionará partes de su cuerpo para detectar bultos.
  - Escuchará su corazón, pulmones y otros lugares.
  - Lo observará levantarse de una silla y caminar.
  - Se pondrá un guante de hule y sentirá dentro de su recto.

Sólo para mujeres:

- Examen de los senos: un chequeo para detectar bultos. El médico o enfermera oprime sus senos estando usted acostada.
- Examen pélvico: un chequeo para detectar problemas con sus órganos sexuales. El médico o enfermera siente la parte inferior de su vientre y dentro de su vagina.
- Papanicolau: El médico o enfermera mete un aplicador dentro de la vagina y colecta células cerca del útero. Las células se envían a un laboratorio para ver si hay cáncer del cuello del útero.

- ◆ Mamograma: una radiografía de los senos para detectar cáncer que es demasiado pequeño para sentirse.

Sólo para hombres:

- ◆ Examen de la próstata: para chequear el tamaño de la próstata y detectar cualquier bulto. El médico o enfermera siente dentro de su recto con su dedo.

Las pruebas

- ■ Puede que el médico o enfermera ordene pruebas de sangre y orina. Algunas pruebas son de rutina. Otras pruebas son para detectar problemas específicos.

  - ◆ Ojos: el médico le alumbra sus ojos y usted lee letras o números.

  - ◆ Oído: le ponen un par de audífonos y usted escucha sonidos.

  - ◆ Prueba de excremento: usted coloca una muestra de excremento (sólido) en tarjetas para detectar sangre en el excremento.

  - ◆ Sigmoidoscopia: el médico introduce un tubo iluminado pequeño dentro del recto para mirar su recto e intestino grueso.

  - ◆ Colonoscopia (en inglés se pronuncia co-lon-<u>os</u>-kuh-pee): el médico coloca un tubo pequeño e iluminado dentro del recto para ver la parte inferior del intestino. Con este procedimiento, el médico puede ver gran parte del intestino inferior. El médico podrá remover cualquier pólipo (bultos).

  - ◆ Colesterol: análisis para determinar el colesterol en la sangre. Demasiado colesterol puede bloquear las arterias.

- Azúcar en sangre: análisis para determinar el nivel de azúcar en la sangre. Demasiada azúcar en la sangre es sinónimo de diabetes.

Consejos

- Después de su examen, el médico o enfermera puede:
  - Ordenar más pruebas.
  - Cambiar la manera en que usted toma sus medicamentos u ordenar nuevos.
  - Decirle qué comidas debe comer, qué comidas no debe comer, cómo hacer ejercicio, y otras cosas.
  - Decirle que deje de fumar.

¿Qué puedo hacer por mí mismo?

- Haga una cita con su médico una vez al año para un chequeo.
- Use sus audífonos para la sordera, lentes y dentaduras el día de su cita.
- Lleve su bastón o andador.
- Lleve todos los medicamentos que usted toma. Esto incluye los medicamentos sin receta médica como las vitaminas y los analgésicos.

Lleve sus medicamentos.

- Sea honesto. Dígale al médico todas las cosas que estén mal.

- Apunte sus preguntas antes de su cita. Lleve la lista. No tenga vergüenza de hacer preguntas sobre las relaciones sexuales, el orinarse involuntariamente, y otras cosas personales.

Apunte sus preguntas.

- Pídale a su médico o enfermera que le explique cosas que usted no entienda.

- Apunte su presión arterial, pulso y peso. Mantenga un archivo de sus resultados y de sus problemas de salud. Llévelo consigo a sus citas médicas.

¿Cuándo debo llamar al médico o a la enfermera?

- Para quedar en una fecha para su chequeo.

- Para preguntar los resultados de sus pruebas.

- Para saber si usted necesita más pruebas.

- Para hacer cualquier pregunta o pedir ayuda con cualquier cosa que usted no entienda.

Las Vacunas

¿Qué son?

Estas son invecciones que van a prevenir que usted
se contagie de enfermedades serias como:

- La gripa.

- El tétano y la difteria.

- La pulmonía.

- Su médico puede recomendarle que se dé otras vacunas.

¿Qué necesito saber?

- Estas vacunas le van a ayudar a mantenerse saludable.

- Estas vacunas son seguras y no lo van a enfermar.

- Es posible que le quede el brazo adolorido o que tenga
  una fiebre leve después de la vacuna.

- La parte B del seguro de Medicare paga por las vacunas
  de la gripa y de la pulmonía.

- Es posible que no pueda darse algunas vacunas si es
  alérgico a los huevos o las plumas de gallina. ¿Puede
  comer huevos sin enfermarse? Entonces, usted no es
  alérgico a los huevos.

- Se puede dar las vacunas en el consultorio del médico.
  Algunas farmacias, supermercados y otros lugares
  pueden dar la vacuna contra la gripa.

¿Qué puedo hacer por mí mismo?

- Hágase poner la vacuna contra la gripa cada año. Hágalo a mediados de noviembre.

- Hágase poner un refuerzo para la vacuna del tétano cada diez años.

- Hágase poner una vacuna del tétano cada vez que tenga una herida sucia. A una persona le puede dar tétano trabajando en el jardín o usando herramientas sucias. El germen del tétano vive en la tierra y puede entrar al cuerpo a través de una herida en la piel.

- Tome Tylenol si le da fiebre o tiene el brazo adolorido después de recibir la vacuna.

- Mantenga una lista de todas las vacunas que reciba.

Vacuna	Frecuencia	Recuerde
La gripa	Cada año	Hágasela poner a mediados de noviembre.
La pulmonía	Una vez en su vida	El médico le puede poner una segunda vacuna.
El tétano y la difteria	Cada 10 años	Hágase poner la vacuna si tiene una herida que esté sucia.
Herpes zoster (culebrillas)	Una vez después de los 60 años	

¿Cuándo debo llamar al médico o a la enfermera?

- Si su brazo se pone muy colorado después de haber recibido la vacuna.

- Si usted tiene preguntas sobre las vacunas que necesita.

Cómo Tomar Control de sus Medicamentos

¿De qué se trata?

Se trata de conocer sus medicamentos y tomarlos correctamente.

Muchas personas toman los medicamentos de la manera incorrecta. Ellos toman demasiado o muy poco, y por eso los medicamentos no les dan buenos resultados.

¿Qué necesito saber?

- Los medicamentos vienen en muchas formas:
  - Líquidos
  - Pastillas
  - Supositorios (tienen forma de bala, son duros y se sienten como si estuvieran hechos de cera)
  - Parches que se pegan en la piel
  - Ungüentos
  - Lociones y cremas
  - Aerosoles
  - Inhaladores (medicamento en forma de aerosol para ser aspirado).

Cómo Tomar Control de sus Medicamentos

- Hay dos tipos de medicamentos: con y sin receta médica.

- Los medicamentos con receta son aquellos que su médico le ordena y le da la receta escrita en una hoja de papel.

La receta para los medicamentos.

- Usted lleva la receta a la farmacia y recoge su medicamento. El farmacéutico indica en el frasco cómo se debe tomar el medicamento.

- Antes de salir de la farmacia, asegúrese de entender bien cómo se debe tomar el medicamento. Pregúntele al farmacéutico si no está seguro.

- Tome el medicamento como lo indica la etiqueta en el frasco.

- Llame su médico si el medicamento le cae mal. No deje de tomarlo a menos de que su médico así se lo indique.

- La mayoría de los medicamentos tienen un nombre de marca y un nombre genérico. Los siguientes son dos ejemplos:

  - Nombre de marca: Motrin
    Nombre genérico: Ibuprofén

  - Nombre de marca: Tylenol
    Nombre genérico: Acetaminofén

Cómo Tomar Control de sus Medicamentos

- A menudo, la forma genérica de un medicamento cuesta menos que la forma de marca. La mayoría de las veces tienen el mismo efecto. Cuando le den su receta en la farmacia, pregunte si le pueden dar la forma genérica. No todos los medicamentos tienen forma genérica.

- Los medicamentos pueden tener efectos adversos. Los efectos adversos son problemas causados por el medicamento a la misma vez que están tratando la enfermedad. Los siguientes son algunos ejemplos de efectos adversos:

  - Malestar estomacal
  - Ganas de dormir
  - Dificultad para pensar
  - Mareos

  - Estreñimiento
  - Ronchas en la piel
  - Estómago flojo
  - Latidos del corazón más rápidos

- El farmacéutico le puede indicar cuáles son los posibles efectos adversos que un medicamento le puede causar. No a todo el mundo le da un efecto adverso. Los medicamentos afectan a las personas de diferentes maneras.

Pregúntele al farmacéutico sobre los efectos adversos.

- Algunas personas son alérgicas a ciertos medicamentos. Ser alérgico a un medicamento es diferente que sufrir los efectos adversos.

Cómo Tomar Control de sus Medicamentos

- Ser alérgico quiere decir que un medicamento hace que usted se ponga muy enfermo. Usted se puede morir si se toma un medicamento al cual usted es alérgico.

- Algunos síntomas de una alergia a medicamentos son:
  - Se le hinchan los labios, la lengua y la cara.
  - Tiene problemas para respirar.
  - Tiene ronchas por todo el cuerpo y le puede dar comezón.

Una reacción alérgica a un medicamento puede ser una emergencia. Deje de tomar el medicamento. Llame al 911 o vaya a la sala de emergencias más cercana si tiene problemas para respirar.

- Usted puede usar un brazalete que le indica a otros que usted es alérgico. Este se conoce como un "brazalete de alerta médica". Llame al 1-888-904-7630 para informarse acerca de los brazaletes de alerta médica.

- Es mejor comprar todas las recetas en la misma farmacia. La computadora de la farmacia tendrá una lista de todos sus medicamentos. Así el farmacéutico sabrá si un nuevo medicamento no va bien con otros que usted ya está tomando.

Cómo Tomar Control de sus Medicamentos

- La computadora también tendrá un expediente de sus alergias y le informará al farmacéutico si hay problemas con algún medicamento.

- Es posible que escuche que los medicamentos son más baratos en otros países. Es mejor **no** comprar medicamentos fuera del país donde usted vive. Puede que el medicamento no sea el mismo y que no tenga el mismo efecto.

- Cuando el médico le receta un nuevo medicamento:

  - Pregunte si le puede dar algunas muestras. Así usted lo podrá ensayar y ver si funciona antes de que compre grandes cantidades.

  - Si no hay muestras, pídale al farmacéutico una orden suficiente para una semana.

  - Verifique si usted ya tiene este medicamento.

- La mejor manera de conocer un medicamento es haciendo preguntas. Las siguientes son ejemplos de preguntas que usted puede hacer:

¿Es la forma genérica?

Sí, lo es.

  - ¿Cuál es el nombre del medicamento?

  - ¿Viene en forma genérica?

  - ¿Para qué es este medicamento?

Cómo Tomar Control de sus Medicamentos

- ¿Cuándo lo debo tomar?

- ¿Por cuánto tiempo lo debo tomar?

- ¿Cuáles son los efectos adversos?

- ¿Necesito pruebas médicas mientras lo esté tomando?

- ¿Me puede dar más información para leer sobre el medicamento?

- ¿Qué puedo hacer si se me olvida tomármelo?

- ¿Hay comidas que no deba comer mientras esté tomando este medicamento?

- ¿Hay cosas que no deba hacer mientras esté tomando este medicamento?

- ¿Puedo manejar después de tomármelo?

- A veces usted puede comprar más medicamento recetado sin necesidad de ver al médico. A esto se le llama volver a surtir la receta. La etiqueta del medicamento dice cuántas veces puede volver a surtir la receta.

- Pregúntele al farmacéutico si el medicamento se puede volver a surtir.

- Llame a la farmacia 5 días antes de que necesite volver a surtir la receta. Llame con más anticipación antes de un día festivo o de un fin de semana de tres días.

Cómo Tomar Control de sus Medicamentos

- Pídale al personal de la farmacia que le ayude a mantener un expediente de las veces que ha vuelto a surtir la receta.

- Llame a su médico antes de que se le acabe el número de veces que puede volver a surtir la receta.

- Los medicamentos sin receta médica son aquellos que usted puede comprar en la tienda sin la receta de un médico.

Los medicamentos sin receta se pueden comprar sin la receta de un médico.

  - Infórmele a su médico sobre todos los medicamentos sin receta que usted toma. Algunos medicamentos sin receta médica no van bien con los medicamentos recetados. Los medicamentos sin receta pueden llegar a cambiar el efecto de los medicamentos recetados.

  - Hay muchos medicamentos sin receta médica como:
    - Vitaminas y minerales
    - Medicamentos para la gripa
    - Medicamentos para el dolor
    - Hormonas
    - Laxantes
    - Medicamentos para dormir
    - Remedios de hierbas

Cómo Tomar Control de sus Medicamentos

- Antes de comprar un medicamento sin receta médica:

  - Verifique para ver si ya tiene este medicamento.

  - Pregúntele a su médico si está bien que tome este medicamento sin receta médica. Siempre haga esto si usted está tomando medicamentos recetados.

  - Pregúntele al farmacéutico cuánto medicamento debe tomar. Es posible que usted no necesite tomar tanto como una persona más joven.

  - Hable con su médico o enfermero si el medicamento no le hace efecto después de haberlo tomado por una semana.

- Las siguientes son cosas a las que le debe prestar atención cuando compre medicamentos sin receta médica:

  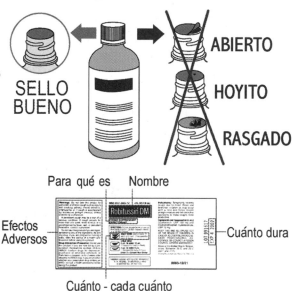

  - ¿Ha sido abierto el paquete? Si ha sido abierto, no lo compre.

  - ¿Cuál es el nombre del medicamento?

  - ¿Para qué es?

  - ¿Cuánto deberá tomar?

  - ¿Cada cuánto debe tomarlo?

  - ¿Cuáles son los efectos adversos?

  - ¿Por cuánto tiempo lo puede conservar?

Cómo Tomar Control de sus Medicamentos

- Pregúntele al farmacéutico sobre los medicamentos sin receta médica.

- Siga las instrucciones y las advertencias que vienen con los medicamentos sin receta.

- Si usted quiere tomar un antiácido, espere siquiera 2 horas después de tomar un medicamento sin receta médica u otros medicamentos.

¿Qué puedo hacer por mí mismo?

- Tome control de sus medicamentos. Esto quiere decir:
  - Sepa por qué está tomando cada medicamento.
  - Sepa cómo tomarlos.
  - Tómelos de la manera correcta.
  - Tire los medicamentos viejos.

- Haga una lista de todos los medicamentos que usted toma. Vea la tabla en la página 69. Escriba:
  - El nombre del medicamento.
  - Por qué está tomando el medicamento.
  - El color del medicamento.
  - Cuánto debe tomar.
  - Cuándo debe tomarlo.

- Lleve su lista de medicamentos en su billetera o libreta de bolsillo.

- Use la misma farmacia para surtir todos sus medicamentos. Escoja una que esté cerca de su casa. Trate de encontrar una que reparta a domicilio y atienda las 24 horas del día.

Cómo Tomar Control de sus Medicamentos

Haga una copia de esta página. Úsela para hacer una lista de los medicamentos que usted toma.

Lista de Medicamentos

Medicamentos con receta

Medicamento	Para qué lo tomo	Color	Dosis	Cuándo lo debo tomar
(ejemplo) *Cipro 250mg*	*Para tratar mi infección*	*rojo*	*1 cápsula 4 veces al dia*	*9 a.m. 1 p.m. 5 p.m. 9 p.m.*

Medicamentos sin Receta Médica
(Marque con una equis si usted usa cualquiera de los siguientes)

☐ Laxantes

☐ Antiácidos

☐ Vitaminas

☐ Medicamentos para el resfriado

☐ Medicamentos para la tos

☐ Aspirina/otro analgésico

☐ Pildoras para dormir

☐ Medicamentos para las alergias

☐ Remedios de hierbas

Otros (nombres)

☐ _____

☐ _____

☐ _____

☐ _____

Cómo Tomar Control de sus Medicamentos

- Compare los precios. Pida descuentos para personas mayores.

- Conozca al personal de su farmacia. Pregúnteles si ellos:

  - Usan tapas o tapaderas que son fáciles de abrir.

  - Usan frascos grandes que sean fáciles de agarrar.

  - Usan letras grandes en las etiquetas de los frascos.

  - Ponen los medicamentos en frascos de diferentes colores para poder diferenciar mejor cada uno.

  - Le llenan las cajitas semanales para píldoras.

  - La llaman para recordarle cuándo necesita volver a surtir sus recetas. La llaman cuando sus recetas están listas.

- Cuando tome un medicamento con receta médica para una enfermedad, infección o problemas de salud:

  - Continúe tomando el medicamento hasta que el médico le diga que pare de tomarlo.

  - No deje de tomar el medicamento porque ya se siente mejor. Usted se siente mejor porque el medicamento está haciéndole efecto.

  - No deje de tomar el medicamento porque piensa que no le está haciendo efecto. Algunos medicamentos se deben tomar por semanas antes de que le empiecen a ayudar.

Cómo Tomar Control de sus Medicamentos

- Hable con su médico antes de dejar de tomar el medicamento.

- Hable con su médico sobre cualquier problema que usted tenga con sus medicamentos.
  Puede que su médico le diga:

  - Que continúe tomando el medicamento.

  - Qué hacer sobre los efectos adversos.

  - Que tome menos medicamento.

  - Que se aguante los efectos adversos.

  - Que cambie la hora del día en que toma los medicamentos.

  - Que lo sustituya por otro medicamento.

Llame a su médico si tiene problemas al tomar medicamentos con receta.

- Si hay niños a su alrededor, guarde los medicamentos fuera de su alcance.

- Mantenga el medicamento en el frasco en que vino.

- Guarde el medicamento en un lugar fresco y seco. Manténgalo lejos del calor y de la luz fuerte.

- Escriba en los frascos por qué está tomando el medicamento.

Cómo Tomar Control de sus Medicamentos

- Mantenga una lista de los medicamentos a los que usted es alérgico. Dígale a todos los médicos sobre sus alergias. Asegúrese que estén escritas en su expediente médico.

- Cuando le den un medicamento nuevo, fíjese si tiene algún ingrediente al que usted sea alérgico. Pregúntele al médico o al farmacéutico sobre esto.

- Chequee sus medicamentos cada 6 meses. Tire los que ya no toma. Páselos por el excusado y tire el frasco.

- Pregúntele a su farmacéutico por un recipiente donde pueda poner agujas y jeringas usadas.

- No le dé ninguno de sus medicamentos a sus amigos o familiares.

- No tome los medicamentos de otras personas.

- No mezcle todos sus medicamentos en el mismo frasco.

- No guarde medicamentos que le sobren a menos que el médico así se lo indique.

- Tenga un plan que le ayude a tomar sus medicamentos más fácilmente.

  - Si usted está tomando 2 medicamentos una vez al día, tómelos juntos.

  - Tómelos a la misma hora todos los días.

  - Haga una tabla de los medicamentos que usted toma.

  - Mantenga su tabla de medicamentos a la mano. Úsela todos los días. Muéstresela a sus familiares y amigos. Llévela con usted cuando viaje.

Cómo Tomar Control de sus Medicamentos

Tabla de Medicamentos

Tache la hora después de que tome el medicamento.

Medicamento	Lunes	Martes	Miér.	Jueves	Viernes	Sábado	Dom.
Lasix	~~6 am~~	6 am	6 am	6 am	6 am	6 am	6 am
Blanca	~~2 pm~~	2 pm	2 pm	2 pm	2 pm	2 pm	2 pm
Capoten	~~6 am~~	6 am	6 am	6 am	6 am	6 am	7 am
Blanca	~~11 am~~	11 am	11 am	11 am	11 am	11 am	11 am
Antes de las comidas	5 pm	5 pm	5 pm	5 pm	5 pm	5 pm	5 pm

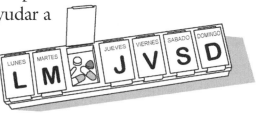

- Pídale a su farmacéutico una cajita para las píldoras. La cajita le puede ayudar a planear sus medicamentos para cada día. Si necesita ayuda para llenar su cajita para píldoras, pídale a un familiar o amigo que le ayude.

- Use un despertador que le recuerde cuándo tomar sus medicamentos.

- Pregúntele a su médico qué debe hacer si se le olvida tomar una dosis de su medicamento. Su médico le puede decir que:

  - Se saltee una dosis y se tome la próxima.

    O

  - Se tome 2 dosis la próxima vez.

    O

  - Se tome la dosis inmediatamente.

73

Cómo Tomar Control de sus Medicamentos

- Hable con su médico o enfermera si siempre se le olvida tomar sus medicamentos.

- Lávese las manos antes de tomar sus medicamentos.

- Cuando tome sus medicamentos:

  - Mire la etiqueta del frasco cada vez que tome el medicamento. Prenda la luz para ver mejor.

  - Use una lupa para poder ver mejor la etiqueta.

  - Lea el nombre del medicamento en la etiqueta.

  Lea las etiquetas de los medicamentos cada vez que se los tome.

  - ¿Es el medicamento del color y de la forma correcta?

  - Siéntese o párese cuando tome sus medicamentos. No los tome acostado.

  - No tome alcohol con sus medicamentos.

  - No tome medicamentos en la oscuridad. Es posible que cometa un error. Prenda la luz y lea la etiqueta.

  Prenda la luz para que pueda leer la etiqueta del medicamento.

Cómo Tomar Control de sus Medicamentos

- Si tiene problemas para pasarse el medicamento, pregúntele a su médico qué debe hacer. No muela, rompa o abra las píldoras a menos que le hayan dicho que está bien que lo haga.

- Pídale al farmacéutico algo que le ayude a medir los medicamentos líquidos. No use cucharas de la cocina.

- Cuando viaje:
  - Lleve este libro con usted.
  - Lleve una lista de sus medicamentos con usted.
  - Lleve más medicamentos de los que piense que vaya a necesitar.
  - No mezcle todos sus medicamentos en un frasco.
  - Cuando vuele, ponga sus medicamentos en un maletín de mano. Manténgalo con usted.

Lleve sus medicamentos en un maletín de mano.

  - Nunca guarde sus medicamentos en un carro.
  - No deje de tomar sus medicamentos cuando viaje.

¿Cuándo debo llamar al médico o a la enfermera?

- Si tiene problemas para tomarse sus medicamentos.
- Si sus medicamentos lo hacen sentirse mal.

Cómo Tomar Control de sus Medicamentos

- Si usted piensa que sus medicamentos lo están haciendo:
  - Sentirse desvelado.
  - Que se olvide de las cosas.
  - Triste todo el tiempo.
  - Muy cansado.
- Si piensa que el medicamento no le está haciendo efecto.

Seguros Médicos para Personas Mayores

3

Apuntes

_____

_____

_____

_____

_____

_____

_____

_____

_____

_____

_____

_____

_____

El Seguro Medicare

¿Qué es?

Medicare es un seguro médico para personas mayores administrado por el gobierno de los Estados Unidos.

Tarjeta de Medicare.

¿Qué necesito saber?

- Es posible que Medicare no cubra todos los servicios médicos.

- Las personas que reciben su pensión del Seguro Social reciben Medicare. Este comienza en el primer día del mes en que cumplen 65 años.

- Es posible que las personas que no reciban su pensión del Seguro Social necesiten llenar una solicitud para Medicare. Lo pueden hacer en su oficina local del Seguro Social.

- Medicare tiene 4 partes.
    - Medicare Parte A, Seguro de hospital
    - Medicare Parte B, Seguro de atención médica
    - Medicare Parte C, Planes Medicare Advantage
    - Medicare Parte D, Cobertura de los medicamentos que requieren receta médica

El Seguro Medicare

- Aquí presentamos cómo funciona Medicare Partes A y B:
  - Usted puede ir a cualquier médico, hospital u otro proveedor de atención médica que acepta pacientes con Medicare.
  - Pregunte a su proveedor de atención médica si aceptará lo que Medicare le pagará. Esto le ahorrará mucho dinero.
  - Los proveedores que no aceptan Medicare le pueden pedir que usted pague todo el costo, y después le envíe la factura a Medicare. Es posible que no le reembolsen el monto total.
  - El seguro Medicare tiene un deducible. Esta es la cantidad que usted paga antes de que el seguro Medicare empiece a pagar.
  - Después de que Medicare paga, usted tiene que pagar otra parte. A esto se le llama su seguro compartido. Usted paga un porcentaje del costo de lo que paga Medicare.
- Los beneficios de Medicare cambian.
- Usted puede obtener la información más reciente sobre los beneficios de Medicare en muchos lugares:
  - Lea el folleto El Seguro Medicare y Usted.
  - Llame a Medicare al 1-800-633-4227 para saber más sobre Medicare o para obtener una copia de El Seguro Medicare y Usted.
  - Es posible que le puedan ayudar en su biblioteca local o en su centro de personas mayores.

- Llame a la oficina local del Seguro Social. El número de teléfono está al comienzo de su guía telefónica.

- Es posible que el personal del consultorio de su médico u hospital puedan contestar sus preguntas.

- Medicare paga por la atención médica de la mayoría de las personas mayores, pero si usted o su esposa trabaja y tiene seguro médico, ese seguro tiene que pagar primero. A Medicare se le cobrará después y éste pagará por cualquier gasto que **no** pague el primer plan de seguro.

¿En qué consiste la parte A de Medicare?

- La parte A es para el cuidado de hospital. Esta parte ayuda a pagar por atención médica en hospitales, instalaciones con enfermeras calificadas, cuidados en el hogar y en un hospicio.

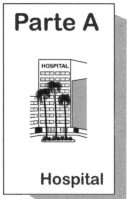

- La parte A es gratis si usted o su esposo pagó el impuesto de Medicare cuando estaba trabajando.

- Si usted no recibe la parte A gratis, puede que la pueda comprar. Llame a su oficina local del Seguro Social o a Medicare.

- Medicare utiliza compañías de seguro privadas para pagar los cobros de la parte A.

  - La compañía de seguro que paga la parte A se conoce como Intermediaria Fiscal.

- La compañía de seguro le envía un documento cada vez que hay una factura o un cobro. Este documento se llama el Aviso de los Beneficios de Medicare.

- Este documento le indica:
  - Cuál hospital u otro proveedor le está cobrando.
  - La fecha en la cual recibió atención médica.
  - Qué tipo de atención médica recibió.
  - Cuánto pagó Medicare.
  - Cuánto debe pagar usted.

- Asegúrese de haber recibido los servicios que indica la factura. Llame a la compañía de seguro si usted tiene alguna pregunta. El número de teléfono está en el documento.

- Usted también los puede llamar para saber cuánto le corresponde pagar a Medicare por un servicio que usted planea recibir en el futuro.

¿En qué consiste la parte B de Medicare?

- La parte B de Medicare paga por las consultas médicas, pruebas, servicios de ambulancia, ciertos artículos médicos y por otros cuidados a pacientes no hospitalizados.

- Algunas personas reciben la parte B sin pedirla y otras personas tienen que pedirla.

- Todas las personas tienen que pagar una tarifa mensual por la parte B. Esta tarifa se conoce como cuota. La mayoría del tiempo esta cuota se saca de los cheques del Seguro Social.

- Si usted necesita solicitar la parte B, llame a su oficina local del Seguro Social. Llame unos meses antes de que usted cumpla 65 años de edad. Usted puede perder ciertos beneficios si se inscribe tarde.

- Si usted no se inscribe para la parte B la primera vez que usted califica para hacerlo, puede que el costo suba cada año que espere.

- La parte B es una manera económica de recibir ayuda para pagar por los servicios que usted pueda necesitar.

- El seguro Medicare utiliza compañías de seguro para pagar las facturas de la parte B.
  - La compañía de seguro para la parte B se conoce como el Encargado de Medicare.
  - La compañía de seguro le envía un documento cada vez que hay una factura o un cobro. Este documento se llama el Aviso Resumido de Medicare.
  - Este documento le indica:
    - Cuál médico u otro proveedor le está cobrando.
    - La fecha en la cual recibió atención médica.
    - Qué tipo de atención médica recibió.
    - Cuánto pagó Medicare.
    - Cuánto debe pagar usted.

- Asegúrese de haber recibido los servicios que indica la factura. Llame al Encargado de Medicare si usted tiene alguna pregunta. El número de teléfono está en el documento.

- Usted también los puede llamar para saber cuánto le corresponde pagar a Medicare por un servicio que usted planea recibir en el futuro.

- El seguro Medicare no paga por todos los servicios.

- Es posible que el seguro Medicare no pague por algo que usted crea que está cubierto. O puede pensar que el seguro Medicare no pagó lo suficiente. Usted tiene el derecho de decir que está en desacuerdo. A esto se le llama el derecho a apelar. El documento que le indica cuánto pagó Medicare de una factura también le indica cómo apelar.

- Hay personas que le pueden ayudar a apelar. Llame a la oficina de Medicare o a la oficina que paga las facturas de Medicare para pedir los nombres y números de teléfono de estas personas en su área.

- Hay lugares en los cuales usted puede averiguar qué es lo que cubre y lo que no cubre Medicare.

  - Usted puede llamar a Medicare al 1-800-633-4227.

  - Si usted tiene problemas para hablar o escuchar, llame a la línea para sordomudos al 1-877-486-2048.

- Hay un folleto llamado El Seguro Medicare y Usted. Allí encontrará lo que Medicare cubre. Llame a uno de los números de teléfono anteriores para pedir una copia.

- El personal de su biblioteca local o del centro de personas mayores le puede ayudar a obtener más información sobre Medicare a través de sus computadoras.

¿Qué puedo hacer por mí mismo?

- Llame a su oficina local del Seguro Social si necesita solicitar el seguro Medicare.

- Averigüe cómo funciona el seguro Medicare. Sepa qué es lo que cubre y lo que no cubre y cuánto paga. Busque información en estos lugares:

  - Un folleto llamado El Seguro Medicare y Usted.

  - La línea de teléfono gratis del Seguro Social (1-800-772-1213 o www.ssa.gov)

  - La línea de teléfono gratis de Medicare (1-800-633-4227)

  - Las oficinas locales que pagan las facturas de Medicare.

  - Los centros para personas mayores.

  - Los departamentos de servicios sociales de los hospitales locales.

- Si usted no entiende cómo se pagó una factura, llame a la oficina que paga las facturas de Medicare. El número de teléfono está en el documento que usted recibe de ellos.

El Seguro Medicare

- Apele si usted no está de acuerdo con la cantidad que pagó Medicare.

- Antes de recibir atención médica de rutina, averigüe cuánto le va a costar.

- Si necesita cuidados de emergencia, obténgalos inmediatamente. Alguien en el hospital le ayudará a entender el costo y el pago.

¿Cuándo debo pedir ayuda?

- Si quiere saber si un tipo de servicio está cubierto.

- Si quiere saber por qué no se pagó una factura.

- Si quiere saber por qué tiene que pagar tanto.

El Seguro Medigap

¿Qué es?

El Medigap es un seguro médico adicional que usted puede comprar. Este seguro paga por algunos costos de atención médica que Medicare no paga. También se conoce como seguro suplemental.

¿Qué necesito saber?

- Muchas compañías de seguros venden seguro Medigap. Este cubre los servicios que Medicare no cubre. Sólo sirve en combinación con el seguro Medicare. Usted no lo necesita si tiene un Plan Medicare Advantage.

- La mayoría de los estados tienen leyes que limitan la cantidad y el tipo de pólizas de Medigap que se venden.

- Es posible que Medicare pague la mayoría de los medicamentos que requieren receta.

- El seguro Medigap que cubre los medicamentos que requieren receta médica puede costarle mucho. Quizá no lo necesite.

- Una buena póliza de seguro Medigap puede costar de $2,000 a $3,000 por año por persona, y puede ser que no cubra todo.

- Usted puede obtener más información sobre el seguro Medigap en la <u>Guía de Seguro Médico para Personas con Medicare</u>. Usted la puede conseguir llamando a Medicare al 1-800-633-4227 o a la línea para sordomudos al 1-877-486-2048.

¿Qué puedo hacer por mí mismo?

- Infórmese sobre el seguro Medigap. Pregunte en su centro local para personas mayores.

- Pregúntele a otras personas mayores si tienen seguro Medigap. Pregúnteles qué plan tienen ellos. Pregunte si les gusta.

- Tómese su tiempo. Compare el costo y los beneficios de todos los planes Medigap disponibles en su área. Antes de que usted compre un plan, infórmese sobre:

  - Cuánto le va a costar por año.
  - Si puede ir a cualquier médico u hospital.
  - Si cubre servicios que Medicare no cubre.
  - Cuánto tendrá que pagar aún si tiene este plan adicional.

¿Cuándo debo obtener ayuda?

- Cuando usted no entiende los beneficios.
- Cuando usted no está seguro si debe comprar el seguro Medigap.

Planes Medicare Advantage (Parte C)

¿De qué se trata?

Los Planes Medicare Advantage son parte de Medicare. Los Planes Medicare Advantage incluyen:

- Organizaciones para el mantenimiento de la salud (HMO, por sus siglas en inglés) de Medicare

- Planes de necesidades especiales de Medicare

- Organizaciones de proveedores preferenciales (PPO, por sus siglas en inglés) de Medicare

Es posible que los Planes Medicare Advantage tengan beneficios adicionales y copagos más bajos que Medicare regular. Los Planes Medicare Advantage pueden incluir cobertura de medicamentos. Es posible que usted deba utilizar los médicos y hospitales del plan para obtener atención médica. En dichos planes, su médico se denomina su proveedor de cuidados primarios (PCP, por sus siglas en inglés). Es posible que tenga que visitar a su PCP para recibir toda su atención médica, salvo que

Inscribiéndose al plan Medicare Advantage.

- Sea una emergencia.

- Viaje a un lugar fuera del área y necesite atención médica inmediata.

Planes Medicare Advantage (Parte C)

¿Qué necesito saber?

- Usted no obtiene los Planes Medicare Advantage cuando cumple 65 años. Debe inscribirse en uno de estos planes.

- Estos planes no están disponibles en todas las áreas. Llame a Medicare al 1-800-633-4227 para averiguar si este plan existe donde usted vive. Su oficina del Seguro Social también le puede el número de teléfono al que debe llamar.

- Algunos planes Medicare Advantage no cobran una prima mensual. Otros sí. Usted deberá seguir pagando la Parte B de Medicare de su cheque del Seguro Social.

- El costo de un Plan Medicare Advantage es diferente en cada área. Los beneficios también son distintos en cada plan y cada área.

- Cuando se inscribe en un Plan Medicare Advantage, usted utiliza la tarjeta de seguro médico que obtiene del plan para su atención médica. Usted renuncia a su tarjeta de Medicare.

¿Cuáles son algunas razones buenas para inscribirse en un Plan Medicare Advantage?

- Los planes Medicare Advantage cubren más servicios que las Partes A y B de Medicare.

- La atención médica le cuesta menos.

- No necesita comprar el seguro Medigap.

- Hay menos papeleo para usted. El Plan Medicare Advantage se encarga de la mayoría de las facturas y del papeleo.

Planes Medicare Advantage (Parte C)

¿Cuáles son algunas cosas que tengo que saber sobre los Planes Medicare Advantage?

- Si usted elige un plan **HMO de Medicare Advantage**:

  - Es posible que tenga menos opciones de médicos. No puede visitar a cualquier médico que elija.

  - Con un plan HMO de Medicare Advantage, usted debe elegir un médico de un listado. Este médico será su médico de cuidados primarios (PCP).

  - Su PCP estará a cargo de toda su atención médica.

  - Si su médico habitual no está en el listado, es posible que tenga que cambiar de médico.

  - Si visita a un médico sin permiso de su PCP o compañía de seguro, es posible que no se pague su factura.

- Si usted elige un plan **PPO de Medicare Advantage**:

  - Un plan PPO de Medicare Advantage es una red de médicos y hospitales que aceptan trabajar juntos para brindarle atención médica.

  - Pero usted no tiene que visitar médicos u hospitales de dicha red. Puede visitar a cualquier médico que acepte Medicare, inclusive si ese médico no pertenece a la red.

  - Puede ir a cualquier hospital, inclusive si no pertenece a la red.

  - **Pero** si visita médicos u hospitales que no son parte de la red ("fuera de la red" o "no preferencial"), por lo general pagará más.

- Plan de necesidades especiales de Medicare:
  - Este plan es sólo para personas:
    - En hogares de ancianos
    - Que tengan tanto Medicare como Medicaid
    - Con ciertas afecciones crónicas o que estén incapacitadas
    - Este plan sólo está disponible en algunas áreas.

¿Qué puedo hacer por mí mismo?

- Llame a Medicare al 1-800-633-4227 para obtener ayuda.
- Averigüe sobre el plan que administra la atención médica de Medicare en su área. Tómese su tiempo. Compare los planes. Antes de escoger un plan, pregunte:
  - ¿Cuánto voy a tener que pagar cada mes?
  - ¿Cuáles beneficios ofrece el Plan Advantage que no cubre Medicare?
  - ¿Cuál hospital está en el plan?
  - ¿Voy a tener que dejar a mi médico?
- Piense si un Plan Medicare Advantage es apropiado para usted. ¿Va a poder seguir las reglas?
- Compare el plan Medicare con el Plan Medicare Advantage. Escoja el que sea mejor para usted.
- **Es posible que Medicare sea lo mejor para usted si:**
  - Usted quiere escoger sus propios médicos y su propio hospital.

- Usted viaja mucho.
- No hay un Plan Medicare Advantage en su área.
- Usted puede pagar los deducibles y el seguro adicional Medigap.
- Usted tiene Medicaid.

- **Es posible que un Plan Medicare Advantage sea lo mejor para usted si:**
  - Usted tiene cuentas médicas altas.
  - Usted no quiere pagar el seguro Medigap.
  - Usted no puede pagar el seguro Medigap.
  - Usted estuvo contento anteriormente con un plan PPO o HMO.
  - Su médico pertenece a un Plan Medicare Advantage.
  - El papeleo que usted recibe de Medicare le preocupa.
  - Usted está dispuesto a cambiar de médico.

¿Cuándo debo llamar al médico o a la enfermera?

- Usted quiere saber si su médico pertenece a un Plan Medicare Advantage.
- Usted quiere saber qué plan le aconseja el médico o la enfermera.

Medicare Parte D: cobertura para medicamentos con receta médica

¿Qué es?

El Plan D le ayuda a pagar los medicamentos que requieren receta médica que le ordena su médico.

¿Qué necesito?

- El Plan D es para todas las personas con Medicare.
- El Plan D cubre medicamentos de marca y genéricos.
- El Plan D puede pagar la mitad del costo de los medicamentos.
- No todos los planes de medicamentos del Plan D son parecidos. Usted debe elegir un plan.
- Usted puede unirse a un Plan D desde el 15 de noviembre hasta el 31 de diciembre, cada año.

¿Qué puedo hacer por mí?

- Llame al 1-800-Medicare (1-800-633-4227). Cuando llame, tenga listos:
  - Su tarjeta de Medicare
  - Una lista de los medicamentos que usa
  - El nombre de la farmacia que usa
  - Lo que ahora paga por los medicamentos que requieren receta médica.

¿Cuándo debo obtener ayuda?

- Siempre es mejor obtener ayuda antes de elegir un programa del Plan D. Llame al 1-800-633-4227.

El Seguro Medicaid

¿Qué es?

Medicaid es un programa federal y estatal que paga los costos médicos de ciertas personas.

¿Qué necesito saber?

- Las personas mayores que son pobres, ciegas o discapacitadas pueden recibir Medicaid. Usted tiene que solicitar Medicaid. Para solicitar, usted tiene que ir a su oficina local de asistencia social estatal o ver a un trabajador social.

- Cada estado tiene su propio nombre para el programa de Medicaid. No es el mismo en todos los estados. Cada estado tiene sus propias reglas sobre quién puede recibir Medicaid y lo que cubre.

- En muchos estados, Medicaid paga por los servicios que no cubre Medicare, como los medicamentos recetados y cuidado en un hogar con enfermeras capacitadas.

- Medicaid sigue pagando los medicamentos excluidos por Medicare, tales como Medicamentos sin receta médica (OTC, por sus siglas en inglés), benzodiazepinas, etc.

- Si usted tiene Medicaid, no necesita un seguro Medigap. También es posible que no necesite inscribirse en los Planes Medicare Advantage.

- Si tiene Medicaid, averigüe si hay un Plan de necesidades especiales de Medicare Advantage en su área.

¿Qué puedo hacer por mí mismo?

- Averigüe todo sobre el programa Medicaid. Lea sobre el tema en El Seguro Medicare y Usted. Llame al 1-800-633-4227 para obtener una copia.

- Si usted piensa que debe recibir Medicaid, llame a su oficina local de asistencia social estatal. Pida una cita con una trabajadora social. Pregunte qué documentos necesita traer. La trabajadora social le dirá si usted puede recibir Medicaid.

- Usted también puede preguntar sobre Medicaid en el departamento de servicios sociales de su hospital local.

¿Cuándo debo obtener ayuda?

- Usted quiere saber si puede obtener Medicaid.

La Dieta Balanceada y el Ejercicio

4

Apuntes

El Comer Correctamente

¿De qué se trata?

Se trata de comer los alimentos correctos en las cantidades apropiadas. Así le da a su cuerpo lo que necesita para mantenerse saludable.

¿Qué necesito saber?

- Las personas mayores necesitan entre 1,600 y 2,000 calorías por día. Si son muy activas, es posible que necesiten aún más calorías. Aún necesitan las mismas vitaminas y minerales.

- La parte más importante de la dieta es el ejercicio regular. Esto mantendrá controlado su peso y fortalecerá sus huesos.

- Los alimentos para una alimentación sana son los siguientes:

  - Frutas y verduras. Es importante comer muchos vegetales y frutas. Cómalos en cada comida, todos los días.

  - Granos integrales. Coma cereales, pasta y pan de granos integrales. El cereal caliente de avena ya pasado de moda es una buena opción para el desayuno. Las papas blancas tienen calorías, pero poco valor nutritivo.

El Comer Correctamente

- Las personas mayores necesitan proteínas en su dieta. Hay proteínas en la carne, aves, pescado, huevos, frijoles y arvejas. La carne blanca, como por ejemplo el pollo, es mucho mejor que la carne roja, como por ejemplo la carne vacuna. Los perros calientes, los fiambres y el tocino contienen sal y otros elementos que es posible que no sean una buena elección.

- Todas las personas necesitan grasas saludables en su dieta. Los aceites de oliva, de cacahuate y otros aceites vegetales son saludables. La manteca de cerdo, la mantequilla y los alimentos que contienen grasas transgénicas no lo son.

- Las personas mayores necesitan calcio. Otros alimentos aparte de la leche contienen calcio. El calcio se encuentra en verduras de hoja verde, leche de soja, carne, brócoli y frijoles.

- Las personas mayores necesitan fibra en su dieta. La necesitan para mover los intestinos en forma regular y la fibra también puede ayudarles a prevenir ciertos tipos de cáncer. Las frutas enteras y las verduras contienen una buena cantidad de fibra, así como los panes integrales, los cereales para el desayuno y los frijoles.

- Aunque las personas mayores coman todos los alimentos recomendados, también es mejor que tomen un complejo multivitamínico cada día. Utilice uno que contenga vitamina D.

El Comer Correctamente

- Disminuya la cantidad de grasa que viene de la carne y de la leche. Algunas maneras para disminuir la grasa son:

  - Usar aceite de alazor, de girasol, de soya o de oliva.

  - No comer carne en cada comida. Cuando coma carne, coma pavo, pollo o pescado.

  - Tomar leche descremada o baja en grasa.

  - Preparar la comida asada, horneada o cocinada al vapor.

  - No comer botanas como papitas o helado.

- Lea las etiquetas de las comidas. Revise cuánta grasa contiene la comida.

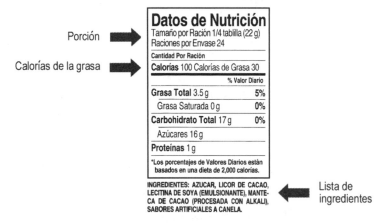

Porción

Calorías de la grasa

Datos de Nutrición
Tamaño por Ración 1/4 tablilla (22 g)
Raciones por Envase 24

Cantidad Por Ración

Calorías 100 Calorías de Grasa 30

% Valor Diario

	% Valor Diario
Grasa Total 3.5 g	5%
Grasa Saturada 0 g	0%
Carbohidrato Total 17 g	0%
Azúcares 16 g	
Proteínas 1 g	

*Los porcentajes de Valores Diarios están basados en una dieta de 2,000 calorías.

INGREDIENTES: AZUCAR, LICOR DE CACAO, LECITINA DE SOYA (EMULSIONANTE), MANTECA DE CACAO (PROCESADA CON ALKALI), SABORES ARTIFICIALES A CANELA.

Lista de ingredientes

- Hágase las siguientes preguntas:

  - ¿Va usted a comer más de la porción recomendada?

  - ¿Proviene de la grasa más de ⅓ de las calorías?

  - ¿Es la grasa el primer ingrediente en la lista?

  - ¿Hay más de un ingrediente que sea una grasa (aceite, mantequilla, manteca, grasa para hornear)?

  Si la respuesta a una o más de estas preguntas es sí, este alimento probablemente contiene demasiada grasa.

- ■ Las grasas trans son malas. No compre ni coma alimentos que contengan grasas trans.
- • Si la comida contiene demasiada grasa:
  - ■ Busque otra comida.
  - ■ Busque otra marca.
  - ■ Sólo coma la porción recomendada y disminuya las demás grasas que coma ese mismo día.
- • No le agregue más sal a su comida.
- • Coma alimentos ricos en calcio como leche, yogur y queso.
- • Coma alimentos que tengan proteína como carne y pescado.
- • Coma alimentos que contengan fibras como cereales y brócoli.

¿Qué puedo hacer por mí mismo?

- • Planifique sus comidas. Coma diariamente alimentos de todos los grupos.
- • Coma 3 comidas pequeñas y 2 botanas al día.
- • Coma comidas ricas en fibra para que sus intestinos funcionen con regularidad. Vea la página 153.
- • Coma con la familia, con los amigos y con los vecinos.

Coma con sus familiares y amigos.

El Comer Correctamente

- Mantenga comidas congeladas que vienen listas para comer. Úselas cuando no tenga ánimo para cocinar.

- Haga las cosas de una manera fácil tal como:
  - Vierta agua caliente sobre el cereal instantáneo.
  - Prepare las verduras con anticipación.
  - Cocine suficiente cantidad como para 2 ó 3 comidas.
  - Guarde en el congelador platos pequeños de comida y úselos después para otra comida.
  - Haga una olla de sopa e invite a sus amigos para que coman con usted. Sírvala con pan tostado y coman fruta de postre.

Los siguientes son otros consejos para comer más fácilmente:

Si tiene problemas para masticar:

- Pregúntele a su dentista si le puede ayudar.

- Coma alimentos blandos.
  - En lugar de fruta fresca, ensaye puré de manzana, jugo de fruta y fruta enlatada.
  - En lugar de verduras crudas, ensaye jugos de verduras y crema o puré de verduras.
  - En lugar de carne, ensaye carne molida, pescado y huevos.
  - En lugar de rebanadas de pan, ensaye cereales cocidos, arroz, pudín de pan y galletas blandas.

El Comer Correctamente

Si sufre de malestar estomacal:

- Visite a su médico si siempre tiene malestar estomacal. Puede ser que tenga un problema de salud que necesita atención.

- Trate de comer más seguido porciones pequeñas por uno o dos días.

- Asegúrese de que los alimentos que mantiene en su casa estén frescos.

Si usted tiene problemas para ir de compras:

- Pregunte en el supermercado si tienen servicio de entrega a domicilio.

- Pregunte en su lugar de culto si alguien puede ayudarle a hacer las compras.

- Pídale a un familiar que le haga las compras.

- Pida comida por Internet.

- Obtenga información sobre Meals-on-Wheels (1-703-548-5558).

Visite a su médico si está siempre sufriendo de malestar estomacal.

Pida ayuda para hacer sus compras.

El Comer Correctamente

Si usted tiene problemas
para cocinar:

- Use un horno de
  microondas. Tenga
  mucho cuidado al
  calentar la comida en el
  microondas. Algunas
  comidas y algunos
  platos pueden calentarse
  tanto que usted se
  puede quemar.

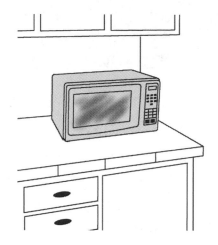

Use un horno de microondas.

- Cocine comidas
  congeladas u otras comidas.

- Participe en un programa de comidas a través de su
  centro local de personas mayores. Pregunte si le pueden
  traer las comidas a su casa.

- Averigüe sobre el programa de "Meals-on-Wheels".

- Es posible que usted se tenga que mudar a un lugar
  donde haya alguien que cocine para usted.

- Compre comida ya preparada para llevar a casa.

Cuando salga a comer en la calle:

- No le ponga más sal a su comida. La mayoría de las
  comidas de restaurantes ya tienen suficiente sal.

- Diviértase cuando salga a comer afuera.

- Use cupones. Busque los cupones con los que comen
  dos por el precio de uno. Invite a un amigo.

El Comer Correctamente

- Ordene comidas que son difíciles de preparar en casa, como guisados, pastel de carne o pescado a la parrilla.

En el restaurante, coma platillos que sean difíciles de preparar en la casa.

- Pida una orden grande y lleve a casa la mitad de la orden para el día siguiente.

<u>Si usted no tiene apetito:</u>

- Coma con sus familiares y amigos.

- Coma en su centro local de personas mayores.

Coma con sus familiares y amigos.

- Pregúntele a su médico si sus medicamentos le están quitando el apetito. Si ese es el caso, pídale que le cambie los medicamentos.

- Póngale hierbas y especias a las comidas. Algunos sabores como el del extracto de vainilla se pueden poner en cantidades dobles en ciertas recetas.

- También póngale fruta y carnes a las ensaladas para darles más sabor.

- Mezcle las comidas calientes con las comidas frías cuando coma.

- Acompañar la comida con una copa de vino rojo le puede ayudar a mejorar su apetito.

- Sea más activo. Esto le puede ayudar a mejorar el apetito.

- Coma cuando tenga hambre.

- Trate de dejar de tomar café o té que tiene cafeína.

- No coma alimentos bajos en grasa o sin grasa si tiene poco apetito porque no va a recibir las calorías suficientes.

¿Cuándo debo llamar al médico o a la enfermera?

- Si no quiere comer y está perdiendo peso.

- Si piensa que sus medicamentos le están quitando el apetito.

- Si se le hace difícil pasar la comida.

- Si se le hace difícil masticar, llame a su dentista.

- Si siempre tiene indigestión estomacal.

Donde puede llamar para pedir ayuda:

- Asociación Estadounidense de "Meals-on-Wheels" al 1-703-548-5558.

La Dieta Rica en Fibra

¿De qué se trata?

Una dieta rica en fibra es una dieta con mucha fibra. La fibra es la parte más áspera de las plantas. Esta se encuentra en las frutas y verduras. Los cereales contienen la mejor fibra.

¿Qué necesito saber?

- Las personas mayores necesitan comer 35 gramos de fibra cada día. Esto ayuda a que sus intestinos funcionen con regularidad.

- La fibra puede ayudar a prevenir las enfermedades del corazón, los derrames cerebrales y el cáncer.

- Los siguientes alimentos son ricos en fibra:
  - Cereal de avena
  - Frijoles
  - Cereal de arroz
  - Zanahorias
  - Cereal de trigo
  - Centeno
  - Col
  - Naranjas, limones, toronjas
  - Avena hervida
  - Chícharos
  - Cebada
  - Pan integral
  - Afrecho de trigo
  - Arroz de grano entero
  - Col de Bruselas

- Otros alimentos que contienen fibras incluyen frutas y fresas enteras, tomates, pasta de trigo integral, arroz integral, brócoli y vegetales enteros de hojas verdes.

¿Qué puedo hacer por mí mismo?

- Coma una dieta rica en fibra. Vea la lista de alimentos en la página 106. Los frijoles tienen mucha fibra. Remoje los frijoles crudos en agua antes de cocinarlos. No los cocine en el agua en que los remojó. Cózalos hasta que estén bien cocinados.

- Comer cereal es una de las mejores maneras de consumir fibra. Coma cereales que tienen 5 gramos de fibra en una porción. Algunos son: All-Bran, Raisin Bran, Fiber One, Shredded Wheat o Grape-nuts.

Coma cereal para que tenga fibra en su dieta.

- Los jugos de frutas y vegetales son ricos en fibras, pero las frutas y los vegetales enteros son mejores.

- Coma pan integral de trigo.

¿Cuándo debo llamar al médico o a la enfermera?

- Si usted siempre tiene excremento duro.

- Si usted tuvo una cirugía en los intestinos, usted necesita saber si debe comer fibra.

- Si usted no puede comer fibra.

Las Vitaminas y los Suplementos Alimenticios

¿Qué son?

Son píldoras, polvos o líquidos que uno toma como nutrición adicional.

¿Qué necesito saber?

- Usted puede encontrar suplementos en las tiendas, en catálogos, en boletines para personas mayores y en la televisión.

- Una buena dieta tiene muchos tipos de alimentos como frutas, verduras, granos enteros, productos lácteos, carne, pescado y pollo.

- Las vitaminas y los minerales que se encuentran en las comidas son mucho mejores que los que se encuentran en las píldoras.

- Es posible que inclusive una buena dieta no contenga todas las vitaminas que usted necesita. La mayoría de las personas están mejor con un complejo multivitamínico, más vitamina D.

- Hable con su médico antes de que empiece a tomar suplementos.

- A menos de que todavía esté trabajando, usted no necesita tantas calorías como cuando estaba más joven. Pero aún necesita las mismas vitaminas y otros nutrientes.

Las Vitaminas y los Suplementos Alimenticios

- No todas las personas necesitan los mismos suplementos alimenticios. Pregúntele a su médico si usted necesita tomar calcio, vitamina D, vitamina B-12 o ácido fólico.

- Lea bien la etiqueta.

- El cuerpo puede absorber más fácilmente las cápsulas que las tabletas o las píldoras duras. Algunas cosas vienen en polvo o en forma líquida.

- Los suplementos no trabajan inmediatamente. Usted necesita tomarlos por un tiempo para ver si éstos le ayudan.

¿Qué puedo hacer por mí mismo?

- Pregúntele a su médico si usted necesita suplementos alimenticios antes de comprarlos.

- Pregúntele a su médico o farmacéutico cuál marca le recomienda.

- Lea lo que dice el suplemento. Asegúrese de que tenga lo que el médico dijo que necesitaba.

- Vea por cuánto tiempo lo debe guardar. Revise la fecha de expiración.

- Averigüe dónde lo debe guardar. Guarde las vitaminas en un lugar fresco y oscuro.

- Pregúntele a su médico o farmacéutico sobre la dosis. No compre dosis extra fuertes. Estas se conocen a veces como dosis "terapéuticas" o "extra fuertes".

Las Vitaminas y los Suplementos Alimenticios

- No use productos si los anuncios suenan demasiado buenos para ser ciertos.

- Tome la mayoría de suplementos con las comidas.

- Cuando empiece a tomar un suplemento, tome la dosis más baja por unos días y después tome la dosis más alta si lo necesita.

- Pregúntele a su médico o farmacéutico si usted necesita tomar un suplemento diario.

- Averigüe si se puede tomar con otro suplemento alimenticio.

¿Cuándo debo llamar al médico o a la enfermera?

- Antes de empezar a tomar un suplemento alimenticio.

- Para preguntar si los suplementos tendrán un efecto adverso en cualquiera de los medicamentos que usted está tomando.

El Ejercicio

¿De qué se trata?

El ejercicio es el movimiento del cuerpo que hace que los latidos del corazón sean más rápidos y los pulmones respiren más rápido. Hacer ejercicio consiste en caminar, nadar, bailar o montar en bicicleta para mantener la buena salud. Trate de hacer una de estas cosas todos los días.

¿Qué necesito saber?

- Las personas mayores necesitan hacer ejercicio para mantenerse saludables. Necesitan mantenerse activas cada día para estar fuertes.

- Hacer ejercicio todos los días hace que la vida sea más fácil y más divertida. Además hace que las tareas de la casa y los movimientos como levantarse de una silla se hagan más fáciles.

- Nunca es demasiado tarde para empezar a hacer ejercicio.

- Usted no necesita ir a un gimnasio ni comprar equipo. El mejor ejercicio para las personas mayores es caminar rápido.

El Ejercicio

- Muchas personas mayores bailan, nadan, juegan golf, juegan boliche, o juegan tenis por diversión y por ejercicio.
- El ejercicio:
  - Mantiene los músculos fuertes para que así usted se pueda cuidar mejor.
  - Evita que sus huesos se adelgacen y se debiliten.
  - Quema calorías.
  - Le da mejor equilibrio para prevenir caídas.
  - Le ayuda a dormir en la noche.
  - Le da más energía.
  - Le hace sentir bien.
- El ejercicio fortalece su corazón y pulmones. También es bueno para la presión arterial alta y le ayuda a mantenerse en su peso normal.
- El ejercicio regular le puede ayudar a prevenir las siguientes enfermedades:
  - Enfermedades del corazón
  - Diabetes
  - Derrame cerebral
  - Pérdida de memoria
  - Osteoporosis
- Las personas mayores necesitan consultar con su médico o enfermera antes de empezar a hacer ejercicio.
  - Pregunte si está bien que haga ejercicio.
  - Pregunte qué tipo de ejercicio debe hacer.

El Ejercicio

- Toda persona mayor debe tener un plan de ejercicio. Haga ejercicio por lo menos 30 minutos al día. No es necesario que haga todos los 30 minutos de una sola vez. Si 30 minutos es demasiado, haga 10 minutos de ejercicio 3 veces al día.

- Si deja de hacer ejercicio, usted perderá su fuerza y equilibrio.

Haga 30 minutos de ejercicio diarios.

- Es importante que caliente los músculos antes de hacer ejercicio. Así su cuerpo estará listo para el ejercicio.

  - La sangre trae el oxígeno a los músculos.

  - Su pulso se acelera lentamente.

  - Sus pulmones se van abriendo para recibir más aire.

  - Sus huesos y coyunturas se calientan.

Estire los músculos para calentarlos antes de hacer ejercicio.

- Usted tiene menos posibilidades de lastimarse haciendo ejercicio si calienta sus músculos antes de empezar.

- No haga ejercicio cuando esté sufriendo de cualquiera de los siguientes malestares:

  - Dolor en el pecho
  - Latidos del corazón muy rápidos
  - Fiebre
  - Coyunturas hinchadas
  - Infección
  - Dolor después de una caída
  - Le falta la respiración
  - Una hernia que le duele

- Si usted toma medicamentos para su pulso, puede que su pulso no vaya más rápido cuando haga ejercicio. Pregúntele a su médico si está bien que haga ejercicio.

- Póngale atención a su cuerpo. Pare el ejercicio si:

  - Siente dolor o presión en el pecho.
  - Se le hace difícil respirar.
  - Su corazón late demasiado rápido.
  - Se siente débil o que se va a desmayar.
  - Se siente enfermo del estómago.
  - No puede hablar cuando hace ejercicio.
  - Tiene calambres o dolor en las coyunturas.
  - Suda demasiado.

¿Qué puedo hacer por mí mismo?

- Haga planes para hacer ejercicio. Sea activo y hágalo parte de su estilo de vida.

- No deje que otros hagan cosas por usted si puede hacerlas usted mismo.

- Haga el ejercicio que le guste. Anime a un amigo para que haga ejercicio con usted.

- Use ropa ligera, que le quede floja. Posiblemente sienta un poco de frío durante los primeros 5 minutos. El ejercicio lo calentará pronto.

- Use ropa encima de otra ropa. Quítese la ropa de encima si le da calor. Póngase más ropa si le da frío.

Use ropa que se pueda quitar cuando le dé calor.

- Use zapatos de amarrar y suelas acojinadas. Use calcetines.

- Use zapatos confortables para caminar.

- Compre plantillas que sean resistentes y que se puedan lavar. Cambie las plantillas cuando estén gastadas.

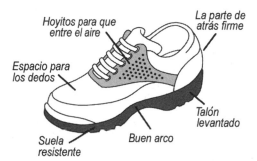

Hoyitos para que entre el aire

La parte de atrás firme

Espacio para los dedos

Talón levantado

Suela resistente

Buen arco

El Ejercicio

- Haga calentamiento durante 10 minutos antes de que empiece a hacer ejercicio:
  - Camine despacio.
  - Marche en el mismo lugar.
  - Haga estiramiento.
- Deje que su cuerpo se enfríe por 30 minutos después de haber hecho ejercicio. Haga estiramiento. No se apresure a darse un baño.
- No haga ejercicio después de las 5 ó 6 p.m. Es posible que no le permita quedarse dormido en la noche.
- No aguante su respiración cuando esté haciendo ejercicio. Respire para adentro y para afuera.
- No haga ejercicio afuera bajo el sol. Haga ejercicio temprano en la mañana o en la tarde.
- Tome un vaso de agua antes de que empiece.
- Tome un vaso de agua después de hacer ejercicio.
- Si su orina es amarilla oscura o anaranjada, usted no está bebiendo suficiente agua.
- No beba cerveza, vino o trago antes o después de hacer ejercicio.
- Espere 3 horas después de una comida pesada antes de hacer ejercicio.
- Encuentre una clase de ejercicios para personas mayores. Averigüe sobre las clases en los siguientes lugares:
  - Centros locales para personas mayores
  - Centros comunitarios

- Centros de salud preventiva de los hospitales
- Colegios comunitarios
- Iglesias
- Centros comerciales

- Tome clases de tai chi o de yoga. Estas clases son buenas para su equilibrio.
- Haga ejercicio con un amigo.
- Busque vídeos de ejercicio para personas mayores en su biblioteca local.

¿Cuándo debo llamar al médico o a la enfermera?

- Antes de que comience un programa de ejercicio.

- Si tiene un dolor agudo de pecho, le falta el aire o se siente enfermo al hacer ejercicio.

- Si piensa que no está bien o no es seguro que usted haga ejercicio.

- Si usted es diabético y quiere hacer más ejercicio.

- Si tiene dolor en sus coyunturas y quiere saber si está bien que haga ejercicio.

- Obtenga ayuda inmediatamente si tiene un dolor agudo en el pecho o en el estómago o suda y tiene problemas para respirar.

Dónde obtener ayuda:

- Instituto Nacional del Envejecimiento (1-800-222-2225) www.nih.gov/nia

Mente y Cuerpo Saludables

5

Apuntes

_____

_____

_____

_____

_____

_____

_____

_____

_____

_____

_____

_____

_____

El Mantener una Actitud Positiva

¿De qué se trata?

El mantener una actitud positiva se trata de ver el lado bueno de las cosas. Una actitud positiva ante la vida le ayuda a mantener la buena salud.

¿Qué necesito saber?

- Hay 7 cosas que usted puede hacer para vivir por muchos años y con buena salud:

    ### 1. Cuide mucho su salud

    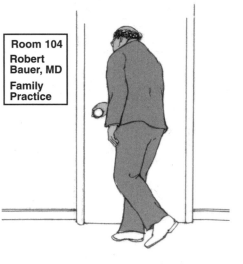

    Room 104
    Robert Bauer, MD
    Family Practice

    Tome responsabilidad de su propia salud.

    - Tenga un médico y un dentista que le guste y en el que confíe.

    - No espere que su médico se responsabilice por su salud. Tome responsabilidad de su propia salud.

    - Si usted fuma, nunca es tarde para dejar el hábito.

    - Sígase informando sobre cómo cuidar de su salud. Ponga en práctica lo que aprende.

El Mantener una Actitud Positiva

- Cuando usted goza de buena salud, usted puede:
  - ◆ Hacer más cosas por sí mismo.
  - ◆ Mantenerse en control de su vida.
  - ◆ ¡Disfrutar la vida!

2. Manténgase activo.

- Haga diferentes actividades a diario, tales como:

  - ◆ Limpiar la casa.
  - ◆ Jardinería.
  - ◆ Caminar.
  - ◆ Ir al cine.
  - ◆ Nadar.

- Esfuércese por hacer actividades. Utilice su cuerpo y su mente. Así se mantienen fuertes y en forma.

Manténgase activo.

3. Mantenga lazos cercanos con la familia, los amigos y otras personas.

- El sentirse querido, necesitado y amado es el resultado de nuestros lazos cercanos con otras personas.

  - ◆ Manténgase cercano a su familia.
  - ◆ Vaya de paseo con sus amigos.

Tenga amigos.

123

    ◆ Sea un buen vecino.

    ◆ Invite a sus nietos a pasar un día de campo.

    ◆ Ofrezca su ayuda a alguien que lo necesite.

    ◆ Organice una fiesta de cumpleaños para una amiga.

4. Coma una dieta saludable.

- Coma muchos tipos de comidas. Coma poca sal, azúcar y grasa.

- Tome entre 6 y 8 vasos de agua o líquido por día.

- No tome más de 2 vasos de cerveza, vino o trago al día.

Coma alimentos saludables.

5. Sígase informando.

- Asista a los programas de salud para personas mayores.

- Pídale consejos a su médico o enfermero.

- Infórmese sobre los cambios por los cuales pasa su cuerpo al envejecer.

Infórmese sobre los problemas de la salud.

- Aprenda a llevar una vida saludable. Ponga en práctica lo que aprende.

6. Ría y disfrute.

- Haga cosas que le hagan reír.
- Haga cosas para divertirse.
- Ríase de usted mismo.
- Vea programas cómicos en la televisión.
- Lea revistas cómicas.

Disfrute de la vida.

7. Cuídese.

- Cuide su salud.
- Aproveche al máximo su vida.
- Crea que tendrá una vida larga y feliz.
- Aprenda a vivir mejor.
- Encuentre maneras de ser útil.
- Asista a su lugar de culto.
- Piense en las cosas buenas de su vida.
- Manténgase en contacto con sus familiares y amigos.
- Valore su vida.

Lea pensamientos para el día.

¿Qué puedo hacer por mí mismo?

- No permita que las cosas le molesten. Trate de cambiar la manera en la que usted ve las cosas cuando está molesto.

Nadie me quiere ya.

¡Tengo un cuento sobre Jorge que a todos les va a gustar!

- Planée su día de tal manera que pueda usar su energía mejor.

- Pase tiempo con otras personas. No pase todos sus días solo.

- Únase a grupos.

- Participe en juegos como los de cartas y el bingo.

- Participe en un grupo local o un club.

Pase tiempo con otras personas.

- Aprenda a usar Internet. Muchos centros para personas mayores dan clases que le enseñan a usar la computadora. Busque cosas que le interesen. Hable con sus médicos y amigos por correo electrónico.

El Mantener una Actitud Positiva

- Consiga una mascota que lo va a:
    - Necesitar.
    - Querer.
    - Hacerlo reír.
    - Estar siempre cerca.
    - Mantenerlo ocupado.

Tenga una mascota.

- Consiga un trabajo de tiempo parcial que le mantenga ocupado. Es una buena manera de conseguir nuevos amigos y ganar dinero adicional.

- Haga actividades para divertirse. Tome una clase en el centro local de personas mayores o en el colegio comunitario.

- No se preocupe si a veces se le olvidan las cosas. Esto es normal.

- Tome un paseo en autobús y vea cosas nuevas.

¿Cuándo debo llamar al médico o a la enfermera?

- Si usted se siente triste todo el tiempo.
- Si siente que no hay motivos para vivir.
- Si tiene un problema de salud, como si no puede oír o ver bien, que no lo deja disfrutar la vida.

El Sexo

¿De qué se trata?

Se trata de las sensaciones que tenemos al tocar y al tener contacto íntimo con el cuerpo de otra persona.

¿Qué necesito saber?

- Los estudios demuestran que muchas personas mayores siguen teniendo relaciones sexuales hasta que se mueren. Estas personas mayores desean y disfrutan de las relaciones sexuales. Otras personas mayores llevan una vida feliz sin tener relaciones sexuales.

- El envejecer causa cambios en el cuerpo. Estos cambios afectan cómo se siente el tener relaciones sexuales, y también cómo se tienen las relaciones sexuales.

- Cuando los hombres envejecen, ocurren algunos cambios tales como:
  - El hombre necesita que se le acaricie más el pene para que se le pare.
  - El pene puede que ya no se pare o que no se le mantenga parado.
  - Puede que ya haya menos o que no haya nada de semen.

- Algunos cambios que les ocurren a las mujeres al envejecer son:

El Sexo

- El cuerpo produce menos hormonas que regulan la sexualidad. Esto causa que algunas mujeres pierdan el interés en las relaciones sexuales.

- Es posible que tome más tiempo para sentirse lista para tener relaciones sexuales.

- Hay menos acción de los músculos en la vagina.

- Las paredes de la vagina se adelgazan, y hay menos fluídos durante las relaciones sexuales.

- La piel se vuelve más sensible en algunas partes del cuerpo como en los senos. El tocar los senos puede causar dolor.

- Las enfermedades y los medicamentos afectan la manera en que las personas mayores se sienten acerca de las relaciones sexuales y cómo tienen relaciones sexuales.

- La artritis causa dolor y rigidez, y puede hacer que tener relaciones sexuales sea doloroso o muy difícil.

- Las enfermedades como la diabetes o las enfermedades del corazón pueden hacer que la persona ya no sienta deseos sexuales y dificultar las relaciones sexuales.

- Algunos medicamentos hacen que las personas pierdan el deseo sexual. Ya la persona no podrá tener relaciones sexuales.

- La cirugía del cáncer de próstata puede causar dificultad para tener una erección en algunos hombres.

El Sexo

- Hay muchas maneras en que las personas mayores pueden disfrutar de las relaciones sexuales. Las relaciones sexuales no son para probar qué tan buena una persona es para el sexo. Las relaciones sexuales son para demostrar amor y sentirse bien con otra persona.

- Hay muchas maneras de tener relaciones sexuales. Algunas personas logran satisfacción tocándose ellos mismos y masturbándose.

- Algunas personas ponen la boca y la lengua en el pene o en la vagina para darle placer a la otra persona. Use siempre un condón o una barrera dental a menos que esté haciendo esto con su pareja desde hace mucho tiempo. Asegúrese de lavarse y mantener sus órganos sexuales bien limpios.

- Las personas mayores que tienen relaciones sexuales con más de una persona o con una nueva compañera necesitan usar un condón. Las enfermedades como el SIDA y la sífilis se pueden contagiar durante las relaciones sexuales. Estas enfermedades se llaman enfermedades de transmisión sexual o enfermedades venéreas. La edad no protege a una persona de contagiarse de las enfermedades de transmisión sexual.

- Algunos hombres no pueden lograr tener una erección. Hay muchas maneras en que se les puede ayudar. Estos hombres le deben preguntar a sus médicos sobre qué les puede ayudar.

- La Viagra y otros medicamentos pueden ayudar a los hombres a tener erecciones. Pregúntele a su médico sobre estos medicamentos.

- El fumar es malo para las erecciones ya que corta la circulación de la sangre al pene. Para que el pene tenga una erección, es necesario que una gran cantidad de sangre llegue hasta él.

- Tomar hormonas femeninas puede ayudar a algunas mujeres que sienten dolor durante las relaciones sexuales. Una de estas hormonas es el estrógeno. El médico necesita recetar este medicamento.

- Existen muchos comerciales en revistas, periódicos, en la televisión y la Internet para pastillas, cremas y otras cosas que se usan para ayudar las relaciones sexuales. Hable con su médico acerca de lo que usted debe hacer.

¿Qué puedo hacer por mí mismo?

- Lea acerca de los cambios normales que le ocurren a su cuerpo y al cuerpo de su compañero.

- Lea libros sobre el sexo. Ensaye otras posiciones para las relaciones sexuales. Use cojines para apoyar sus coyunturas.

- Las mujeres pueden usar jalea hecha con agua para hacer que las relaciones sexuales sean más cómodas. Estas se pueden encontrar en la farmacia con

Use un lubricante durante las relaciones sexuales.

etiquetas de "lubricantes personales," "jaleas para lubricar," "lubricante para la vagina."

El Sexo

- Hable con su médico si usted gotea orina durante las relaciones sexuales.

- Hable con su médico acerca de sus medicamentos. ¿Hacen estos que tenga dificultad para tener relaciones sexuales? Hágale esta pregunta en su próxima consulta.

- Hable con su médico acerca de sus problemas de salud. ¿Cómo le afectan estos problemas con sus relaciones sexuales? ¿Qué puede hacer al respecto? Sea honesto y no le oculte nada al médico. Obtenga la ayuda que usted necesita.

- Demuéstrele a su compañero que a usted le importa él. Las siguientes son algunas cosas que usted puede hacer:

Demuestre su amor.

  - Dele muchos abrazos y besos y tóquelo suavemente. Tómelo de las manos. Haga otras cosas que le demuestren su querer.

  - Toque el cuerpo de su compañero. Frote la espalda de su compañero. Dele un masaje pasando las yemas de sus dedos sobre su espalda. Haga esto para demostrar su amor y su interés en las relaciones sexuales.

El Sexo

- Envíele notas de amor. Hágale pequeños regalos. Salgan a caminar a la luz de la luna. Todos estos detalles hacen que usted desee tener relaciones sexuales.

- Las relaciones sexuales son mejores cuando usted está descansado. Tampoco posponga las relaciones sexuales hasta que todas las tareas que tenga que hacer estén hechas. Tenga relaciones cuando usted y su compañero sientan el deseo.

- No apure las relaciones sexuales. Deje que haya tiempo para sentirse excitado. Pasen tiempo platicando y tocándose el uno al otro. Actúe despacio y con seguridad.

- Apague la televisión y no conteste el teléfono.

- Asegúrese de bañarse, lavarse los dientes y enjuagarse la boca, lavar o cepillarse el cabello. Todas estas cosas hacen que su compañero desee tener relaciones sexuales con usted.

- Hable con su compañero acerca del sexo. Use una foto o algo que usted vea en la televisión para empezar a conversar.

  - Hable sobre las cosas que usted disfruta.

  - Pregúntele a su compañero lo que a él le gusta.

  - Hablen sobre algunas cosas nuevas que le gustaría probar.

- Haga que su cama y su dormitorio sea un lugar para las relaciones sexuales. Una cama doble es lo mejor.

Haga de su dormitorio un lugar para las relaciones sexuales.

- Hay muchas cosas que usted puede hacer para entrar en ambiente:
  - Vea una película sexy.
  - Lea un libro sexy.
  - Tómese un baño con agua tibia.
  - Trate de acostarse desnudo.
  - Toque música suave.

¿Cuándo debo llamar al médico o a la enfermera?

- Si usted no está contento con su vida sexual.
- Si su vida sexual está haciendo a su compañero infeliz.
- Si se le hace difícil tener relaciones sexuales y usted no sabe que hacer.
- Antes de cualquier cirugía, pregunte qué efecto va a tener en su vida sexual.
- Si tiene cualquier pregunta o preocupación sobre las relaciones sexuales.

El Cuidado de los Pies

¿De qué se trata?

Se trata de tener un cuidado especial con sus pies a medida de que envejece.

¿Qué necesito saber?

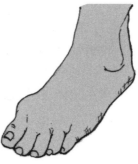

- Sus pies van cambiando a medida que usted va envejeciendo.
  - Las plantas de los pies se van poniendo más delgadas.
  - La piel se vuelve más reseca.
  - Las uñas de los pies se hacen más gruesas y se quiebran con facilidad. Estas se pueden infectar con hongos.
  - Se le puede hacer difícil cortarse las uñas de los pies.
  - La artritis puede hacer que sus pies se pongan tiesos y tenga dolor.
  - La forma de sus pies cambia con los años. Se pueden poner más largos y anchos.
- Las personas mayores tienen que tener mucho cuidado con los pies.
- Las personas con diabetes necesitan tener un cuidado muy especial con sus pies ya que las heridas pequeñas y las llagas no sanan bien y se pueden infectar.

El Cuidado de los Pies

- Hay trabajadores de la salud que tienen un entrenamiento especial en el cuidado de los pies y se les llaman podiatras. Ellos tratan los callos, las llagas y otros problemas de los pies. Estos especialistas le pueden dar recetas para medicamentos y también pueden hacer cirugías pero sólo en los pies.

- Es mejor ver a su médico general primero. Si usted pertenece a un plan que administra los cuidados médicos de Medicare, es posible que necesite que su médico lo envíe a ver el podiatra.

¿Qué puedo hacer por mí mismo?

- Si tiene diabetes, usted necesita tener mucho cuidado con sus pies. Las siguientes son algunas cosas que necesita hacer:

  - No camine sin zapatos. Se puede lastimar los pies. Siempre use zapatos.

  - Mantenga sus pies limpios y secos a toda hora.

  - Revise sus pies todos los días para ver si hay cortaduras o llagas. Llame a su médico inmediatamente si encuentra una área colorada o una cortadura en la piel.

Todas las personas mayores necesitan seguir estos consejos para cuidar de sus pies:

Zapatos

- Asegúrese que sus zapatos le queden bien.

- Hágase medir los pies cada vez que compra zapatos. Mídase ambos zapatos antes de comprarlos.

El Cuidado de los Pies

- Asegúrese de tener suficiente espacio para los dedos. Debe haber ½ pulgada de espacio entre su dedo más largo y la punta del zapato. Este espacio es más o menos del ancho de su pulgar.

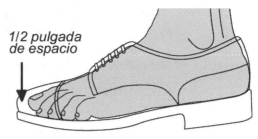

1/2 pulgada de espacio

- Compre zapatos en las tardes ya que sus pies tienden a hincharse durante el día.

- Los tacones de sus zapatos deben ser de menos de 1 pulgada y media de alto. No se ponga zapatos de tacones más altos. Estos zapatos ponen todo el peso de su cuerpo en la parte delantera de sus pies.

- No se ponga el mismo par de zapatos 2 días seguidos.

- Compre zapatos nuevos para hacer ejercicio cada año. El soporte de estos zapatos se gasta.

- Si usted tiene problemas para agacharse, compre zapatos que no necesite amarrar.

- Si tiene problemas para amarrar los zapatos, compre zapatos con tiras de Velcro.

Los Callos

- Los callos son capas de piel muerta. Estas capas se acumulan para proteger el hueso que está debajo del callo.

- Los callos son una indicación de que sus zapatos no le quedan bien.

- No trate de cortarse los callos usted mismo.

El Cuidado de los Pies

- Remoje sus pies en agua tibia (no caliente). Primero coloque su codo para probar la temperatura del agua.

- Frote el callo suavemente con una piedra de pómez.

- Use plantillas para darle soporte a sus pies. Compre plantillas con soporte para poner dentro de sus zapatos.

- Vea a un médico de los pies si necesita ayuda con los callos.

La piel

- La piel de los pies se vuelve más reseca con la edad y ya no se estira tan bien.

- Lávese los pies todos los días. Séquese bien entre los dedos.

- Use calcetines limpios o medias todos los días.

- Póngase crema o loción en sus pies todas las noches.

- Use calcetines de algodón si sus pies sudan.

- No use los zapatos sin calcetines porque le pueden salir ampollas.

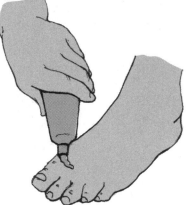

Use loción en los pies.

Las uñas de los pies

- Córtese las uñas de los pies en línea recta. Use un cortaúñas. No se redondee los bordes. Límese cualquier aspereza de los bordes.

Córtese las uñas de los pies en línea recta.

El Cuidado de los Pies

- Las uñas de los pies se pueden poner gruesas por causa de hongos. Usted puede llegar a necesitar ayuda para cortar las uñas gruesas. Hable con su médico regular sobre si tiene que ver a un médico de los pies.

La circulación de los pies

- Algunos medicamentos causan que las piernas se hinchen.

- No use ligas (fajas), medias estrechas o calcetines con elástico en la parte de arriba.

- No cruce las piernas.

- Cuando viaje, párese y muévase alrededor cada hora. Esto ayuda a mantener la circulación en sus piernas y en sus pies.

¿Cuándo debo llamar al médico o a la enfermera?

- Si tiene una cortadura o una llaga en su pie que no sana.

- Para remover un callo.

- Para que le corten las uñas de los pies que están demasiado gruesas.

- Si tiene dolor en los pies o en la pantorrilla cuando camina.

Los Autoexámenes

¿Qué son?

Los autoexámenes son los chequeos que usted mismo se hace en su cuerpo para detectar cambios que pueden indicar un cáncer.

¿Qué necesito saber?

- Revise su piel cada mes. Revise si hay bultos, llagas y otras cosas que no parecen ser normales. Lea la sección sobre los cambios de la piel en la página 181.

- Las mujeres se deben revisar sus senos cada mes. Las mujeres son las mejores para hacerse el autoexamen. Ellas conocen mejor cómo se sienten sus senos. Ellas pueden detectar cualquier cambio. Las mujeres encuentran más bultos en sus senos que sus propios médicos generales.

- La mayoría de los bultos en los senos no son cáncer.

- El cáncer de seno es más común después de la menopausia.

¿Qué puedo hacer por mí mismo?

- Revise su piel cada mes. Busque bultos y llagas. Párese desnudo frente a un espejo. Prenda la luz y póngase sus lentes.

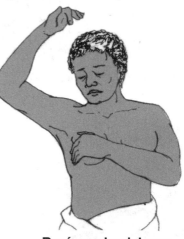

Revísese la piel para detectar un cáncer.

- Si tiene una compañera, revísense el cuerpo uno al otro. Revise su piel desde la cabeza hasta los dedos de los pies.

- Como persona mayor, el mejor momento para revisar sus senos es el primer día del mes. Hágalo cada mes en el mismo día. Esto le ayudará a recordar de hacerse el examen.

Para hacerse un autoexamen de los senos:

- Acuéstese. Coloque una almohada debajo de su hombro izquierdo. Ponga su brazo izquierdo detrás de su cabeza. Si no puede poner el brazo detrás de su cabeza, muévalo hacia afuera.

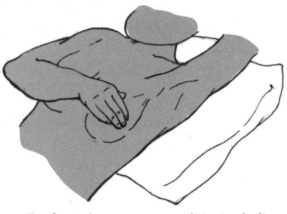

Revísese los senos para detectar bultos.

- Use las yemas de los tres dedos del medio de su mano derecha. Las yemas de los dedos son la parte blanda de la punta de los dedos. Revise su seno izquierdo y presione las yemas para localizar bultos o áreas gruesas.

- Presione lo suficientemente fuerte para saber cómo se sienten sus senos. Si no está segura qué tanto presionar, pregúntele a su médico o a su enfermera para que le muestren. Aprenda a conocer cómo se sienten sus senos la mayor parte del tiempo. Un surco duro en la curva debajo de cada seno es normal.

- Mueva los dedos alrededor del seno en forma de círculo. Comience en el pezón. Asegúrese de revisar todo el seno. Busque bultos en las axilas también.

- Ahora revise su seno derecho con su mano izquierda de la misma manera.

- También revísese los senos en un espejo. Busque cambios en la manera como se ven sus senos.

- Si sus senos están caídos, levánteselos con las dos manos.

- Si tiene problemas para revisarse los senos, pídale a su médico o enfermera que le enseñen cómo se hace la revisión de los senos.

¿Cuándo debo llamar al médico o a la enfermera?

- Si encuentra un bulto en su seno, y usted quiere que el médico se lo revise.

- Si usted no sabe cómo revisarse los senos.

- Si usted encuentra un bulto en su piel que no parece normal.

El Alcohol

¿De qué se trata?

El alcohol es cerveza, vino y trago. Es como una droga. El alcohol hace que el cerebro funcione más despacio y puede causar que las personas mayores tengan más caídas y otros accidentes.

¿Qué necesito saber?

- El tomar una o dos bebidas alcohólicas al día puede estar bien.
- El tomar grandes cantidades de alcohol siempre es malo.
- Una trago de alcohol es:
  - 5 onzas de vino

    O

  - 1½ onzas de licor (trago)

    O

  - 12 onzas de cerveza

Un trago de alcohol es:

 o  o

5 onzas de vino   1 1/2 onza de licor (trago)   12 onzas de cerveza

El Alcohol

- A medida que usted envejece, su cuerpo cambia, y ya no usa el alcohol de la misma manera en que lo hacía cuando usted estaba joven.

¡NO MEZCLAR!

- El alcohol no se debe mezclar con los medicamentos. El tomar alcohol cuando está tomando medicamentos le puede hacer daño.

- El alcohol se puede convertir en un mal hábito para algunas personas. A esto se le llama alcoholismo. Los siguientes son algunos síntomas de que usted u otra persona tiene un problema con el alcohol:

  - El tomar para dejar de sentirse triste, para calmar los nervios o para olvidar las preocupaciones.

  - El perder el interés en la comida.

  - El tomar tragos muy grandes y muy rápido.

  - El mentir para ocultar cuando está tomando.

  - El tomar solo más frecuentemente que antes.

  - El hacerse daño a sí mismo o a alguien más cuando toma.

  - El tomar para emborracharse más de 3 ó 4 veces al año.

  - El sentirse enojado o de mal humor cuando no está tomando.

- El tener problemas de salud, sociales o de dinero por el alcohol.
- Algunas personas mayores tienen problemas con la bebida. Puede que beban para olvidar los cambios en esta parte de sus vidas. Por ejemplo:
  - El hecho de que ya no estén trabajando.
  - El tener que lidiar con la muerte de un amigo o de un familiar.
  - El tener muy poco dinero.
  - El estar en mal estado de salud.
- El alcohol puede causar que a una persona se le olviden las cosas y se encuentre confundida.

¿Qué puedo hacer por mí mismo?

- Obtenga ayuda de su médico si piensa que usted tiene un problema con el alcohol.

¿Cuándo debo llamar al médico o a la enfermera?

- Si quiere saber cuánto alcohol puede tomar cuando esté tomando medicamentos recetados.
- Si usted piensa que tiene un problema con el alcohol.

Los Cambios Normales que Ocurren al Envejecer 6

Apuntes

_____

_____

_____

_____

_____

_____

_____

_____

_____

_____

_____

_____

_____

La Artritis

¿Qué es?

La artritis es la hinchazón y el dolor en las coyunturas. La osteoartritis es una forma común de artritis que sucede al envejecer, y le pasa casi a todo el mundo.

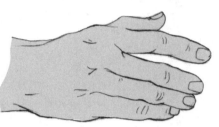

¿Qué necesito saber?

- La osteoartritis resulta del desgaste de las coyunturas. Esta es la razón principal por la cual las personas van dejando de mantenerse activas al envejecer.

- Los síntomas de la artritis son el dolor y la dureza (falta de flexibilidad) de las coyunturas. Sus coyunturas pueden sonar o tronar.

- Las personas que sufren de artritis necesitan mantenerse activas. Las coyunturas se ponen más tiesas y débiles si no las usa.

- El caminar o nadar es bueno para la artritis. Haga una de estas actividades por 30 minutos al menos 3 veces a la semana.

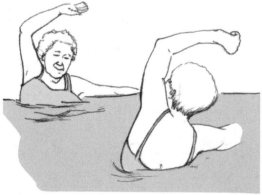

El nadar es bueno para la artritis.

La Artritis

- La Fundación de la Artritis tiene clases de ejercicios en el agua en muchos centros de YMCA y en otros centros. Estas clases son saludables y divertidas, y a la vez le dan la oportunidad de conocer otras personas mayores.

- Las personas que tienen artritis necesitan usar zapatos planos para caminar con suelas suaves. De esta manera se le pone menos presión a las coyunturas. Los tacones altos y las suelas de cuero le ponen más presión a las coyunturas.

- La artritis es peor si usted está pasado de peso. El peso adicional le pone más presión a las caderas, las rodillas y los tobillos.

- Algunos médicos piensan que los ácidos grasos omega-3 son buenos para la artritis. Estos se encuentran en los pescados de agua fría, como el salmón y el arenque. Las tiendas de comidas saludables venden, entre otros, aceite de primavera y aceite de semilla de lino. Estos aceites contienen los mismos ácidos grasos omega-3.

- Existen medicamentos para la artritis que se compran en la tienda sin receta médica (OTC, en inglés). Estos son la aspirina, Tylenol, Advil, Nuprin, y Aleve. Pero éstos pueden causarle problemas estomacales. Pregúntele a su médico cuál es el mejor para usted.

- Su médico puede recomendarle inyecciones o cirugía para determinados tipos de osteoartritis. Pregunte sobre ellos si los medicamentos no le están ayudando.

La Artritis

¿Qué puedo hacer por mí mismo?

- Lo más importante es mantenerse activo. Haga ejercicio 3 veces por semana. Así mantendrá sus músculos fuertes, y éstos le podrán dar mejor soporte a sus coyunturas.

Manténgase activo.

- Busque las clases de ejercicios patrocinadas por la Fundación de la Artritis en su localidad.

- Siempre use buenos zapatos para caminar. Evite usar tacones.

- Pierda peso si necesita hacerlo. El perder de 5 a 10 libras le dará un descanso a sus coyunturas.

- Pregúntele a su médico qué medicamento puede tomar para el dolor de la artritis.

¿Cuándo debo llamar al médico o a la enfermera?

- Si tiene las coyunturas enrojecidas, hinchadas o adoloridas.

- Si el dolor o la dureza de las coyunturas evita que usted pueda hacer las cosas.

- Si usted quiere saber qué medicamentos puede tomar para los dolores en las coyunturas.

El Estreñimiento

¿De qué se trata?

El estreñimiento es cuando las heces (los excrementos) son demasiado duras y secas y es difícil hacer del baño. Es posible que las heces sean más pequeñas que lo normal, y que usted sienta como que no ha podido hacer del baño (el dos) completamente.

¿Qué necesito saber?

- El estreñimiento es un problema común para las personas mayores. Al envejecer, los intestinos funcionan más despacio.

- Algunas personas hacen del baño cada 2 ó 3 días. Otras personas lo hacen 2 ó 3 veces al día. Ambas frecuencias pueden ser normales.

- No es normal tener excrementos tan duros que tenga que hacer demasiada fuerza para hacer del baño.

- Pruebe supositorios de glicerina. Estos se colocan en el recto y pueden humedecer los excrementos para hacer que salgan más fácilmente.

- Hay muchas cosas que le pueden causar el estreñimiento:
    - No estar tomando suficiente líquido, como agua y jugos de fruta
    - No hacer suficiente ejercicio

El Estreñimiento

- No tener suficiente fibra en su dieta
- Algunos medicamentos
- La tensión emocional
- No darse el tiempo para ir al baño cuando siente ganas por primera vez.

- Algunos medicamentos pueden causarle estreñimiento:
  - Pastillas de hierro
  - Medicamentos para la diarrea sin receta
  - Algunas píldoras para la presión arterial
  - Algunos medicamentos para la depresión
  - Algunos antiácidos sin receta
  - Algunos medicamentos para la enfermedad de Parkinson
  - Algunos medicamentos recetados tales como:
    - Codeína – se encuentra en medicamentos para la tos y en píldoras para el dolor
    - Darvon (propoxifeno)
    - Vicodin (clorhidrato de codona)
    - Demerol (meperidina)
    - Morfina
  - Las pastillas de hierro y el Pepto-Bismol hacen que el excremento sea de color negro.

¿Qué puedo hacer por mí mismo?

- Lo mejor que puede hacer es comer alimentos que son ricos en fibra.

    - Ciruelas pasas

    - Fruta seca como el albaricoque y las uvas pasas

    - Granos integrales como la avena y el pan de trigo

    - Frutas frescas y verduras

    - Cereales

    - Nueces

Ciruelas pasas

Nueces

Fruta seca y uvas pasas

Avena

Pan de trigo integral

Fruta fresca y vegetales

- Lea acerca de una dieta rica en fibra en la página 106.

- Hable con su médico si piensa que su medicamento le está causando estreñimiento.

El Estreñimiento

- Sea más activo diariamente. El caminar rápido o el nadar es bueno.

- Tome mucha agua y otros líquidos todos los días. Si su médico le pide que limite sus líquidos, pregunte qué puede hacer para el estreñimiento.

- Tome bebidas tibias o calientes cuando se levante. No se saltee el desayuno.

- Entrene su cuerpo para hacer del baño a la misma hora todos los días. Las siguientes son cosas que puede hacer:

  - Escoja una hora para hacer del baño. Después del desayuno es una buena hora.

  - No necesita esperar hasta que sienta deseos de ir al baño.

  - Siéntese en el excusado por 15 minutos. Su cuerpo va a empezar a desocuparse si usted se sienta y se relaja.

  - No se obligue a hacer del baño.

  - Si no puede hacer del baño, trate de nuevo 20 minutos después de su próxima comida.

- No ignore su necesidad de hacer del baño.

- Use un ablandador de excrementos o un laxante no muy fuerte por 2 ó 3 días solamente.

- Use laxantes de fibra como Metamucil. Estos vienen en forma de polvo o de tableta. Asegúrese de tomar mucha agua cuando use estos laxantes. No van a funcionar si no toma un vaso entero de agua con ellos.

El Estreñimiento

- El afrecho de molino no procesado aumenta la fibra en su dieta. Lo puede comprar en su mercado de alimentos, no cuesta mucho y no tiene sabor.

  - Mézclelo con puré de manzana o jugo de ciruelas pasas.

  - Tome 1 ó 2 cucharadas una vez al día. Puede tomarlo hasta 3 veces al día.

  - Tome un vaso lleno de agua después de tomar el afrecho.

  - Cuando empiece a usar el afrecho de molino puede ser que se sienta inflado (sentirse lleno). Esta sensación desaparecerá.

  - Trate de ponerlo en el cereal o echárselo a los alimentos cocidos.

- Si estas cosas no funcionan, usted puede tomar 2 tabletas de Senokot o leche de magnesia en la noche.

- Use un supositorio de glicerina.

- No use aceite de ricino, Dulcolax o enemas (lavativas). Estos son demasiado fuertes.

- No use sales de Epsom o aceite mineral como un laxante.

¿Cuándo debo llamar al médico o a la enfermera?

- Si tiene un cambio en sus hábitos de ir al baño.

- Antes de ponerse un enema (lavativa).

- Si tiene sangre en su excremento.

El Estreñimiento

- Si no ha hecho del baño en más de 3 días.
- Si su estómago está muy duro.
- Si tiene dolores fuertes de estómago.
- Si tiene vómitos.

Los Cambios en los Ojos

¿En qué consiste?

Nuestra vista cambia con la edad. Las personas mayores no ven tan bien como veían cuando estaban más jóvenes.

¿Qué necesito saber?

- Los ojos cambian a medida que las personas envejecen. Algunos cambios son normales. Otros cambios pueden ser síntomas de problemas.

- Al envejecer, se hace más difícil para la persona enfocarse en las cosas que están cerca. A esto se le llama hipermetropía o dificultad para ver de cerca. Las siguientes son algunas cosas que usted debe saber:

  - Todas las personas mayores tienen este problema.

  - Las cosas pequeñas como la letra de un libro se ven borrosas de cerca.

  - Los anteojos le pueden ayudar a enfocar las cosas que ve de cerca. Usted puede comprar anteojos en la farmacia si no tiene ningún otro problema de la vista.

Cuando lea, use anteojos y buena luz.

Los Cambios en los Ojos

- Los ojos le pueden doler o ponerse colorados después de leer por mucho rato. A esto se le llama agotamiento o cansancio de la vista.

- Algunos cambios no son normales. Llame al médico inmediatamente si tiene cualquiera de los siguientes síntomas:

  - Ve doble.

  - Tiene un fuerte dolor en los ojos.

  - De repente no puede ver.

  - De repente ve todo borroso.

  - Mira rayos de luz o auras.

  - Le sale un líquido de los ojos.

  - Tiene los ojos colorados o hinchados.

- Hay varios proveedores de atención médica que cuidan de sus ojos:

  - El óptico – hace los anteojos.

  - El optometrista – le mide los ojos para acomodarle los anteojos y los lentes de contacto.

  - El oftalmólogo – es un médico especialista que tiene una capacitación especial sobre los ojos. El médico puede operar los ojos y recetar medicamentos.

- La siguiente es una lista de problemas de los ojos que le pueden dar a las personas mayores, y que tienen que ser tratados por un médico:

  Las cataratas

  - Es cuando el lente del ojo se nubla. El lente del ojo es el círculo negro del ojo.

Los Cambios en los Ojos

- Las cosas se ven borrosas.
- La vista por un ojo puede ser peor que por el otro ojo.
- Hay una operación que se puede hacer. El médico saca el lente nublado y coloca uno nuevo.
- Algunas cataratas no molestan la vista demasiado y no necesitan ser operadas.

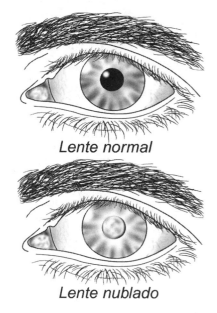

Lente normal

Lente nublado

El Glaucoma

- Es cuando el líquido se acumula dentro del ojo y usted siente presión en el ojo.
- La mayoría del tiempo esto va sucediendo lentamente. No hay dolor.
- Algunas veces la presión se acumula de una sola vez. El ojo se pone colorado. La persona puede sentir mucho dolor.
- Usted necesita saber si tiene glaucoma. El tratar el glaucoma en su comienzo puede prevenir que usted pierda la vista.
- El glaucoma se trata con pastillas y gotas para los ojos. Algunas veces se necesita una operación.
- Si el glaucoma no se trata, puede causar la pérdida de la vista.

Degeneración macular

- Es cuando hay un lugar dentro del ojo que deja de funcionar. Este es el lugar que le ayuda a ver los detalles pequeños.

- Usted no puede ver las cosas en frente de usted.

- Usted ve una mancha negra en frente de usted.

- Su vista se desvanece o es borrosa.

- Se puede tratar si un médico la encuentra temprano.

¿Qué puedo hacer por mí mismo?

- Hágase un examen de los ojos una vez al año.

- Las siguientes son algunas cosas que puede hacer para ver mejor:

  - Use más luz en su casa.

  - Use colores vivos en las paredes, sillas, y otras cosas en la casa.

  - Use un color claro para las paredes y un color oscuro para la puerta. Esto hace que el borde de la puerta sea más fácil de ver.

  - Use una lupa para leer.

  - Compre libros y revistas de letra grande.

Los Cambios en los Ojos

- Las siguientes son cosas que usted puede hacer para no cansar la vista:

  - Cuando esté trabajando con cosas muy cercanas, tome un descanso cada 20 minutos. Pare y mire 10 pies a lo lejos por 30 segundos. Así le dará un descanso a sus ojos.

  - No se olvide de parpadear. Las personas muchas veces fijan la vista cuando leen, cosen o hacen otros trabajos de cerca. Los ojos se secan. El parpadear humedece los ojos.

  - Usted puede necesitar anteojos más fuertes al envejecer. Asegúrese que sus anteojos son los correctos para usted.

  - Cuando haga trabajos en los que tenga que mirar muy de cerca en la noche, coloque una luz directamente sobre el trabajo. También mantenga una luz en el cuarto. Si el cuarto está oscuro, es difícil enfocar los ojos.

- Si usa una computadora, las siguientes son algunas cosas que usted debe hacer:

  - Siéntese al frente de la computadora. No se siente en una posición que va a poner presión en su cuello o en su espalda.

  - Coloque la pantalla de 4 a 9 pulgadas bajo el nivel de los ojos. Usted debe mirar la pantalla hacia abajo.

Los Cambios en los Ojos

- Mantenga las lámparas demasiado brillantes o la luz del sol lejos de la pantalla.

- Limpie la pantalla a menudo.

No coloque una luz brillante cerca del computador.

- Si está escribiendo una carta, use un tamaño de letra grande. Trate el tamaño 16 o más grande. Usted puede hacer el tamaño más pequeño cuando termine y esté listo para imprimir la carta.

- Tome un descanso cada 30 minutos.

¿Cuándo debo llamar al médico o a la enfermera?

- Si de repente no puede ver.
- Si su vista está borrosa.
- Si sus ojos están colorados o hinchados.
- Si su vista empeora.
- Si tiene dolor en sus ojos.
- Si ve aros alrededor de las luces.
- Si le sale líquido de un ojo.

La Pérdida del Oído

¿En qué consiste?

La pérdida del oído se trata de tener problemas para oír. Este es un problema común para las personas mayores.

¿Qué necesito saber?

- La cera (cerilla) en los oídos puede causar la pérdida del oído.

- El ruido en el ambiente hace que sea más difícil oír para las personas que están sufriendo de pérdida del oído.

- Muchas personas oyen mejor por un oído.

- Los siguientes son síntomas de la pérdida del oído:
  - Es difícil escuchar por teléfono.
  - Es difícil oír en lugares con ruido como en un restaurante.
  - No entender cuando la gente le habla.
  - Poner el televisor demasiado alto para otras personas.
  - Mirar la cara de una persona para entender lo que dice.

- En algunas personas, el tomar los siguientes medicamentos puede causar la pérdida del oído:
  - La aspirina
  - Algunos medicamentos para la artritis

La Pérdida del Oído

- Algunos antibióticos
- Algunas píldoras para eliminar agua (diuréticos)
- Algunos medicamentos para el cáncer

- Hay lugares donde puede ir para buscar ayuda con la pérdida del oído:

  - Su médico puede examinar sus oídos. Su médico puede hacerle un examen de audición. El o ella lo pueden enviar a ver un especialista del oído.

  - Los médicos otorrinolaringólogos (ENT, en inglés) tienen entrenamiento adicional en los problemas del oído, nariz y garganta. Ellos pueden ayudarle a encontrar la causa de su pérdida del oído y la solución para ayudarlo.

  - Los audiólogos han recibido capacitación sobre el oído. Ellos pueden decirle si un audífono para la sordera le ayudaría a oír mejor.

  - Los centros de ayuda con la audición venden y reparan los audífonos para la sordera. Hay muchos tipos de audífonos para la sordera. Las personas en el centro de ayuda con la audición encontrarán el que más le convenga a usted. Ellos le acomodan el audífono a la medida de su oreja. Y también le enseñan cómo usarlo y cómo cuidarlo.

- Muchos teléfonos tienen un botón para que el sonido sea más fuerte. Muchos teléfonos celulares que usted puede llevar en el bolsillo pueden configurarse para que vibren cuando suenan.

- La compañía de teléfono ayudará a las personas con problemas auditivos a usar el teléfono. Algunas opciones que ofrece la compañía de teléfono son:
  - Campanas que suenan fuerte y botones de llamada.
  - Luces que prenden y apagan cuando el teléfono suena.

- Algunas personas escuchan ruidos todo el tiempo en uno o en ambos oídos. El ruido puede ser como un silbido, un rugido, el sonido de una campana, o el gorjeo de los pájaros. Esto se conoce como zumbidos en el oído o tinitus.

- Algunos medicamentos hacen que el ruido en los oídos empeore.

¿Qué puedo hacer por mí mismo?

- Hable con su médico si tiene problemas para oír. Pídale a su médico que le examine los oídos para ver si tiene cerilla.

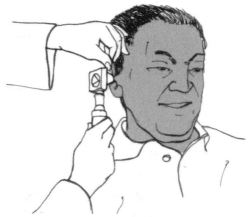

Hágase examinar por un médico para ver si sus oídos tienen demasiada cerilla.

La Pérdida del Oído

- No use aplicadores de algodón o pinzas del cabello para limpiar sus orejas. Nunca se pique las orejas con nada. Pregúntele a su médico cuál es la mejor manera de limpiar sus orejas.

- Ponga atención a cuál es el lado por el cual oye mejor.

- Si oye zumbidos en el oído, haga la prueba de dejar su radio prendido toda la noche. Esto puede bloquear los zumbidos.

- Use su audífono para la sordera si tiene uno.

- Dígale a la gente que usted tiene problemas para oír. Dígales qué pueden hacer para ayudarle a oírlos mejor.

Use su audífono para la sordera.

- Cosas que usted puede hacer para oír mejor:
    - Encuentre un lugar silencioso para hablar con las personas.
    - Pídale a la persona que la mire cuando hable.
    - Pídale a la persona que se siente en el lado por el cual usted oye mejor.
    - Apague el televisor u otros ruidos cuando esté con alguien más.
    - Si usted usa anteojos, póngaselos cuando esté hablando con otra persona. El ver a la persona le ayudará a oírla mejor.

- Las siguientes son cosas que usted puede hacer en su hogar:

  - Mueva las sillas para que queden más cerca.

  - Use luces brillantes para que pueda ver las caras de las personas.

  - Use alfombras, cortinas y sillas con cojinería de tela. Estas reducen el ruido en el ambiente.

  - Infórmese sobre los aparatos que le pueden ayudar a usar el teléfono.

  - Infórmese sobre las luces que prenden y apagan cuando el horno está listo o cuando la máquina de lavar ha terminado.

Siéntese al frente de la otra persona.

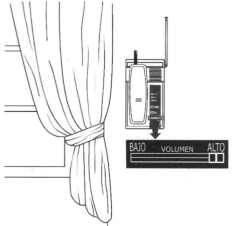

Teléfonos que tienen una manera para subirle el volumen al sonido.

BAJO VOLUMEN ALTO

La Pérdida del Oído

- Cosas que puede hacer cuando sale a comer a un restaurante:

    Cuando salga a comer afuera, busque un sitio sin mucho ruido.

    - Pida una mesa en un sitio sin ruido. No se siente junto al aire condicionado o al calentador. No se siente en el centro del cuarto.

    - Trate de no ir cuando está muy lleno.

    - Haga que la gente se siente al lado donde usted escucha mejor.

    - Siéntese con su espalda hacia la pared.

    - Pregúntele al mesero si los especiales están escritos en algún lugar.

- Cosas que usted puede hacer para escuchar mejor en el cine o en el teatro:

    - Pregunte si el teatro tiene sistemas especiales para escuchar.

    - Pida un audífono para la sordera cuando compre su boleto.

    - Dígale al gerente si su audífono para la sordera no funciona.

- Cosas que usted puede hacer cuando esté en el hospital:

    - Asegúrese que todo el personal sepa de su pérdida del oído. Pídale a la enfermera que escriba una nota en su expediente.

La Pérdida del Oído

- Si usted tiene un audífono para la sordera, úselo. Lleve baterías adicionales cuando vaya al hospital.

- No diga que sí o esté de acuerdo si usted no escuchó bien. Explíqueles a las otras personas que usted no les puede oír. No tenga temor de pedirles que repitan hasta que usted entienda.

- Mantenga una pluma y un papel cerca de usted. Pídale a la gente que escriban lo que usted no puede oír.

¿Cuándo debo obtener ayuda?

- Si la pérdida del oído se ha convertido en un problema para usted.

- Si le sale líquido de los oídos.

- Si tiene dolor en los oídos.

- Si escucha un zumbido en sus oídos.

- Si se siente mareado y no sabe por qué.

- Si sufre de una pérdida de oído repentina en uno o en ambos oídos.

- Si su audífono para la sordera no le sirve para oír mejor.

Lugares donde puede llamar para pedir ayuda:

- Auto Ayuda para las Personas con Dificultad para Oír 1-301-657-2248

- El Instituto para Mejorar la Audición 1-800-327-9355

La Tembladera

¿Qué es?

Es el temblor o tembladera de la cabeza o de las manos. La cabeza se puede mover de lado a lado o de arriba a abajo. A veces, la voz suena temblorosa. La tembladera hace que sea difícil insertar el hilo en una aguja, sostener una taza, escribir o abotonarse una camisa.

¿Qué necesito saber?

- Este tipo de tembladera no es lo mismo que la enfermedad de Parkinson.

- Los médicos no saben cuál es la causa.

- Esta condición empeora a medida que la persona envejece, y puede dificultar el comer, el vestirse y el escribir.

- Esta condición parece que se pasa entre miembros de la familia de una generación a otra.

- A veces, la tembladera se puede mejorar con medicamentos.

- Las personas que tienen tembladera puede que no quieran comer o tomar en lugares públicos.

- Hacen la letra muy grande y difícil de leer.
- Hay algunas cosas que pueden empeorar la tembladera:
  - La tensión emocional
  - La falta de sueño
  - El nivel bajo de azúcar en la sangre
  - Algunos medicamentos

¿Qué puedo hacer por mí mismo?

- Coma las comidas a sus horas y duerma lo suficiente.
- Haga ejercicio a diario.
- Tenga cuidado con las bebidas calientes. Llene las tazas hasta el medio para prevenir quemarse a causa de derramar bebidas calientes.
- Si la tembladera es leve y a usted no le molesta, entonces usted no necesita hacer nada. Esto no es grave.
- Si la tembladera hace que usted encuentre difícil hacer cosas simples, pregúntele a su médico qué se puede hacer. Las siguientes son algunas preguntas:
  - ¿Existe cualquier medicamento o un tratamiento que yo pueda usar?
  - ¿Es alguno de mis medicamentos el causante de la tembladera?
  - ¿Está bien que tome una pequeña cantidad de alcohol para controlar la tembladera?

¿Cuándo debo llamar al médico o a la enfermera?

- Si empieza a tener tembladera.

- Si la tembladera le molesta.

- Si tiene preguntas sobre sus medicamentos.
  Si piensa que éstos puedan causarle la tembladera.

El Olvidarse de las Cosas

¿De qué se trata?

Se trata de tener problemas para recordar las cosas.

¿Qué necesito saber?

* A muchas personas mayores se les olvidan las cosas. Esto es normal. A las personas de cualquier edad se le olvidan las cosas porque ellas:

  ▪ Están pensando sobre muchas cosas a la vez.

  ▪ Puede que no vean bien.

  ▪ Puede que no oigan bien.

  ▪ No piensen que algo es importante.

  ▪ No ponen atención al escuchar.

* Puede que usted tenga problemas para acordarse de los nombres de las personas.

* Existe ayuda para muchos problemas de la memoria.

* Hable con su médico o su enfermera si se le están olvidando las cosas.

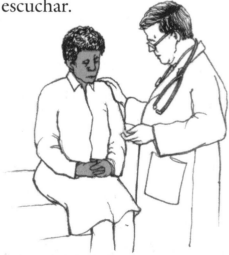

Hable con su médico sobre el olvidarse de las cosas.

El Olvidarse de las Cosas

- Algunos problemas médicos pueden causar que se le olviden las cosas:
  - Los problemas con la glándula tiroides
  - La deshidratación (el no tener suficiente líquido en el cuerpo)
  - Una dieta pobre y baja en vitaminas
  - Un derrame cerebral
  - Una reacción adversa a los medicamentos
- Algunas cosas pueden hacer que se olvide de las cosas temporalmente:
  - El sentirse triste, solo o preocupado
  - La tensión emocional
  - El cansancio
  - El estar enfermo
- Los familiares son los primeros que notan que a una persona se le está olvidando las cosas.

¿Qué puedo hacer por mí mismo?

- Haga un esfuerzo por pensar en una sola cosa a la vez.
- Haga cosas que lo obliguen a usar su mente. Así mantendrá su cerebro funcionando.
- Coma una dieta saludable.
- Haga ejercicio todos los días.
- Use un calendario grande para ordenar sus planes.
- Tenga pasatiempos.

El Olvidarse de las Cosas

- Practique el acordarse de las cosas haciendo conexiones. Por ejemplo, si usted conoce a alguien que se llama Pilar, piense en el pilar de una casa. En su mente, conecte el nombre de Pilar al pilar de una casa.

- Haga listas de las cosas que tiene que hacer.

- Coloque las cosas en el mismo lugar de siempre.

- Escuche radio y vea televisión.

- Mire álbumes viejos de fotos y libros de fotos de la escuela.

- Salga y visite a otras personas. Hable con la gente.

- Use Internet. Manténgase en contacto con sus familiares y amigos por correo electrónico.

- Tome clases de educación de adultos.

- Llame al centro para personas mayores o al colegio comunitario y pregunte acerca de clases para la memoria.

- Juegue juegos de mesa.

- Haga cosas para relajarse:
  - Camine en el parque
  - Tome una taza de té.

- No tome demasiada cerveza, vino o trago. Tome menos de 2 tragos por día. Un trago es:
  - 5 onzas de vino

    O

  - 1½ onza de licor (trago)

    O

  - 12 onzas de cerveza

Un trago de alcohol es:

5 onzas de vino

1 1/2 onza de licor (trago)

12 onzas de cerveza

El Olvidarse de las Cosas

- No tome más medicamentos de los que necesita o de los que el médico le dijo que tomara.

- Use una caja para las pastillas para recordarse de que debe tomar sus medicamentos. La cajita también le  indica si ya se ha tomado uno de los medicamentos.

- Obtenga ayuda si usted se siente triste todo el tiempo.

- Si se sigue olvidando de las cosas, vea a su médico o enfermera. Cuéntele al médico o a la enfermera acerca de los problemas que tiene con la memoria.

¿Cuándo debo llamar al médico o a la enfermera?

- Si se cae o se desmaya.

- Si usted está preocupado porque se le olvidan las cosas.

- Si de repente se le empiezan al olvidar las cosas.

176

Los Cambios en el Dormir

¿En qué consisten?

Los hábitos del dormir cambian con la edad.
Muchas personas mayores duermen menos.
A la edad de 65 años, muchas personas sólo
necesitan de 5 a 7 horas de sueño por noche.
Los problemas de salud y los medicamentos a
menudo causan cambios en el dormir.

¿Qué necesito saber?

- La mayoría de las personas mayores tienen
  cambios en el dormir. Puede que se despierten más a
  menudo durante la noche. Ya no se duermen tan
  profundamente como antes, y se pueden sentir
  cansados durante el día.

- Las personas mayores se despiertan varias veces por
  la noche por muchas razones. Puede que necesiten
  ir al baño. Pueden tener un dolor, acidez (agruras),
  o calambres en los músculos.

- Algunas personas mayores tienen problemas para
  dormir por la noche. Esto les pasa porque ya
  no son activos durante el día. Pasan todo el día
  sentados o toman varias siestas durante el día.

Los Cambios en el Dormir

- Algunas personas mayores se quedan en la cama demasiado tiempo. Esto puede ser un síntoma de que están deprimidos. El quedarse en la cama y dormir más de 7 ó 8 horas puede ser malo para la mente y para el cuerpo.

- El tener problemas para dormir o para quedarse dormido se le llama insomnio. Las personas que sufren de insomnio se sienten cansadas a menudo durante el día.

- Algunos medicamentos, comidas o bebidas con cafeína mantienen a las personas despiertas.

- El tomar cerveza, vino o licor en la noche le puede causar problemas con el sueño.

- Algunas píldoras para dormir hacen que las personas se sientan crudas a la mañana siguiente. Puede que no sea seguro el manejar después de haber tomado una píldora para dormir la noche anterior.

¿Qué puedo hacer por mí mismo?

- La siguiente es una lista de actividades que le pueden ayudar a dormir:

  - Acuéstese y levántese todos los días a la misma hora.

  - Use la cama sólo para dormir y para tener relaciones sexuales. No vea televisión, ni escriba cartas, ni pague sus facturas, ni haga ninguna otra cosa en la cama.

  - No coma demasiado antes de acostarse. Una botana ligera puede ayudarle.

  - Cubra las ventanas con persianas oscuras o cortinas.

Los Cambios en el Dormir

- No tome siestas durante el día. Si tiene que tomar una siesta, que sea solamente de 30 minutos entre las 2 y las 3 de la tarde.

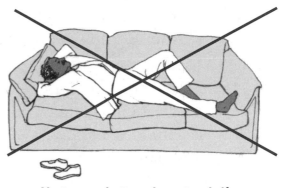

No tome siestas durante el día.

- Tome muy pocos líquidos después de las 6 de la tarde.

- Hable con su médico si usted piensa que tiene un problema para dormir. Su médico podría encontrar una razón médica por la cual usted no puede dormir.

- Pregúntele al farmacéutico o a su médico si los medicamentos que está tomando hacen que se mantenga despierto por la noche.

- Después de acostarse, espere por lo menos 20 minutos para quedarse dormido. Si no se puede dormir, levántese y lea o mire televisión. Regrese a la cama cuando se sienta con sueño.

- Mantenga su cuarto fresco. Apague las luces brillantes. Mantenga una luz pequeña prendida.

- Haga ejercicio durante el día, no haga ejercicio inmediatamente antes de irse a la cama.

- Pruebe darse un baño o leer un libro antes de acostarse para que le dé sueño.

- Trate de no pensar en cosas que le molestan. Dígase a sí mismo que no se va a llevar sus preocupaciones a la cama.

- No tome café, gaseosa de cola o un medicamento que tenga cafeína después de las 4 de la tarde.

- No tome más de una cerveza, una copa de vino o de licor en la noche.

- Tenga cuidado con las pastillas para dormir. Puede que le hagan perder el equilibrio y causar caídas si se levanta durante la noche. Las pastillas para dormir también le pueden hacer sentir crudo en la mañana.

¿Cuándo debo llamar al médico o a la enfermera?

- Si se siente cansado todo el tiempo porque no puede dormir.

- Si piensa que sus medicamentos están afectando su sueño.

- Si tiene dolores que lo mantienen despierto toda la noche.

- Si se despierta muchas veces todas las noches.

- Si pasa más de 8 horas en la cama y no se siente descansado cuando se levanta en la mañana.

Los Cambios de la Piel

¿En qué consisten?

Hay cambios normales que le ocurren a la piel con la edad. Su piel no se verá ni se sentirá igual que antes.

¿Qué necesito saber?

- La piel es una de las partes del cuerpo que más cambia con la edad.
- Estos cambios le suceden a todo el mundo.
  Los siguientes son algunos de los cambios:
    - La piel se pone más seca y tiene menos flexibilidad.
    - Se tarda más para sanar.
    - Se adelgaza.
    - La grasa que está debajo de la piel se adelgaza.
    - La piel se pone más floja y empieza a descolgarse (aflojarse).
    - Le salen arrugas en las esquinas de los ojos.
    - Le salen canas.
    - Le salen lunares y manchas en la piel.
- Con la edad, la piel pierde la capa de aceite en la parte de arriba que sirve para acumular agua. Esto hace que la piel se reseque. A la piel reseca le puede dar picazón.

Los Cambios de la Piel

- Las siguientes cosas pueden hacer que la piel se reseque más:

    - Bañarse con agua caliente.

    - El agua con cloro como en una alberca (piscina).

    - El sol, el viento y la lluvia.

    - Algunos medicamentos.

    - Algunas enfermedades como la diabetes, la enfermedad de la tiroides y enfermedades de los riñones.

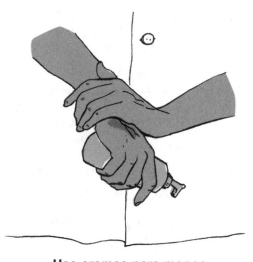

Use cremas para manos.

- Hay cremas y lociones que le ayudan a la piel a conservar la humedad.

- Su piel está más propensa a que le salgan moretones porque tiene menos grasa y menos protección. Los moretones que le salen ahora no se parecen a los que le salían cuando estaba más joven. Los moretones en la piel de las personas mayores son de color rosa oscuro o rojo.

- Las personas mayores están más propensas al cáncer de la piel si han pasado mucho tiempo afuera bajo el sol. Los médicos piensan que el sol causa la mayoría de los cánceres de la piel.

Los Cambios de la Piel

- Las personas con la piel más clara están más propensas a que les dé cáncer de la piel.

- La mayoría de los cánceres de la piel se pueden curar si se detectan temprano.

- Los siguientes son algunos síntomas del cáncer de la piel:

  - Un bulto en la piel que crece y se ve color perla, transparente, café, negro o de muchos colores.

  - Un lunar que cambia de color, crece o tiene bordes disparejos.

  - Una mancha o un bulto que le da comezón, le duele, se descascara, le sale costra o sangra continuamente.

  - Una llaga abierta en la piel que no le sana en 2 ó 3 semanas.

  - Una llaga que sana y se vuelve a abrir.

- El fumar es malo para la piel porque hace que la piel se ponga como escamosa (con escamas o como de hule) y amarillenta.

- La piel alrededor de los ojos se empieza a descolgar. Una operación puede arreglar esto. El seguro Medicare pagará por esta operación si la piel caída bloquea sus ojos tanto que usted tiene problemas para manejar.

- Otras operaciones estiran la piel caída de la cara y del cuello. Estas se llaman rejuvenecimientos de la cara (cirugía plástica de la cara). Es un arreglo temporal ya que la piel se va a volver a aflojar. El seguro Medicare y la mayoría de las otras compañías de seguros no pagan por estas operaciones.

Los Cambios de la Piel

¿Qué puedo hacer por mí mismo?

- Las siguientes son maneras de proteger su piel del sol y del viento:

Use un sombrero de ala ancha para darle sombra a su cara.

  - Póngase un bloqueador solar con factor de protección solar número 15 (SPF 15, en inglés) antes de salir.

  - Evite recibir los rayos del sol directamente. Póngase un sombrero de ala ancha que le dé sombra a su cara, cuello y hombros, o use una sombrilla.

  - Use un sombrero, guantes y una bufanda para proteger su piel cuando hace frío o viento afuera.

  - No esté bajo el sol de las 10 de la mañana a las 3 de la tarde. Estas son las horas cuando los rayos del sol están más fuertes.

- Báñese cada 3 días. Use agua tibia y no caliente.

- El fumar reseca la piel. Si fuma, trate de dejar de fumar.

- Las siguientes son algunas cosas que puede hacer para prevenir la resequedad:

  - El jabón reseca la piel. Use jabón sólo en las partes de su cuerpo que pueden tener malos olores—en las axilas, en sus pies y en el área de la ingle. Enjuáguese el resto del cuerpo con agua tibia.

- Use cremas o lociones. Colóqueselas después de que se bañe para conservar (atrapar) la humedad en la piel. No tiene que comprar cremas o lociones caras. Puede usar las que cuestan poco. Puede usar hasta aceite Crisco.

- Las cremas son mejores que las lociones para conservar la humedad en la piel. Los ungüentos son mejores que las cremas.

- No use aceites ni cremas si usted está sobre un piso liso. Puede deslizarse y caerse.

- No use cremas que contengan alcohol. El alcohol reseca la piel.

- Use un bálsamo para los labios o lápiz labial.

- Tome entre 6 y 8 vasos de agua u otro líquido por día, a menos que su médico le indique lo contrario.

- Use un humedecedor si el aire en su casa es seco.

- Revísese toda la piel de todo su cuerpo cada 6 meses. Busque las siguientes cosas:

  - Un lugar áspero o ligeramente levantado, enrojecido, más grande que la cabeza de un cerillo, y que no desaparece.

  - Piel que está siempre enrojecida y con comezón.

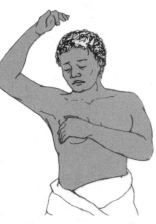

Examine su piel para detectar cánceres.

Los Cambios de la Piel

- Una llaga que no sana en 2 ó 3 semanas.

- Partes de la piel que estén abiertas o sangrando.

- Una mancha café o negra que es más grande que el borrador de un lápiz.

- Una mancha café o negra que cambia de color o de tamaño.

¿Cuándo debo llamar al médico o a la enfermera?

- Si ha probado cremas y lociones sin receta médica y todavía tiene la piel reseca y comezón.

- Si tiene un bulto en la piel o una llaga que le preocupan.

El Gusto y el Olfato

¿En qué consisten?

Las personas pierden poco a poco el sentido del gusto y del olfato al envejecer.

¿Qué necesito saber?

- Algunos medicamentos pueden afectar su sentido del gusto.
- El fumar le quita el sentido del gusto y del olfato.
- No hay tratamiento para la pérdida del gusto o del olfato.

¿Qué puedo hacer por mí mismo?

- Cuando cocine, trate de usar especias fuertes. Las hierbas como el perejil o el tomillo le dan más sabor y color a la comida.
- No use sal adicional en sus comidas a menos de que su médico le haya dicho que está bien.
- Use endulzadores como Equal o Sweet n Low si usted tiene diabetes.
- Cambie la textura de sus comidas. Agréguele nueces al cereal. Tueste el pan para que le quede crujiente.
- Use alimentos con mucho color como las remolachas rojas y las espinacas verdes.

El Gusto y el Olfato

- Combine alimentos fríos y alimentos calientes. Pruebe colocarle una cucharada de yogur a una sopa caliente.

- Póngale etiquetas con fecha a sus sobras. Tírelas después de 4 a 5 días. No use su sentido del olfato para ver si una comida ya está mala.

- Mantenga su dentadura limpia.

- Permita que otras personas le ayuden a identificar olores en su casa que usted quizás no note.

- Cuéntele a su familia que usted ha perdido su sentido del olfato. Pídales que le avisen si usted tiene mal olor en el cuerpo o si se pone demasiado perfume.

¿Cuándo debo llamar al médico o a la enfermera?

- Si tiene poco apetito porque ya no puede saborear sus comidas.

- Si está perdiendo peso.

Algunos Problemas con el Envejecimiento

Apuntes

_____

_____

_____

_____

_____

_____

_____

_____

_____

_____

_____

_____

_____

La Enfermedad de Alzheimer

¿Qué es?

La enfermedad de Alzheimer es una enfermedad del cerebro que hace que a la gente se le olviden las cosas muy a menudo. Es causada por cambios químicos en el cerebro.

¿Qué necesito saber?

- No todos los problemas de la memoria son causados por la enfermedad de Alzheimer.
- Al principio, puede ser difícil distinguir entre la enfermedad de Alzheimer y los problemas normales de la memoria. Los cambios pueden ocurrir lentamente.
- Algunos síntomas de la enfermedad de Alzheimer son:
  - Se le olvidan las cosas que acaban de pasar.
  - Usted pregunta la misma cosa una y otra vez.
  - Se le olvida su nombre y los nombres de sus familiares.
  - Se pierde en lugares conocidos.
  - Se le olvida dónde vive o cómo irse a su casa.
  - Tiene problemas para ir de compras o para cocinar.
  - Se le olvida bañarse o ponerse ropa limpia.
  - Tiene problemas para poner en orden su chequera.
  - Se le olvidan las citas.

- Le cuesta trabajo encontrar las palabras para decir lo que quiere decir.

- Le cuesta trabajo entender lo que la gente le dice.

- Usted no quiere salir ni hacer cosas con otras personas.

- Se siente triste la mayor parte del tiempo.

- Una persona puede tener muchos de los síntomas antes mencionados y no tener la enfermedad de Alzheimer. Solamente un médico puede decir si es la enfermedad de Alzheimer.

- Hay algunos medicamentos que pueden hacer que los síntomas de la enfermedad de Alzheimer ocurran más lentamente.

¿Qué puedo hacer por mí mismo?

- Organice los gabinetes y los cajones para que pueda encontrar las cosas fácilmente. Pida que alguien le ayude a hacer esto.

- Colóquele etiquetas a los armarios y a los cajones para poder saber qué hay en cada uno de ellos. Use dibujos o palabras.

- Haga un aviso con los números de teléfono que usa la mayor parte del tiempo o que pueda necesitar en un apuro. Colóquelo al lado del teléfono.

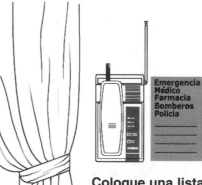

Coloque una lista de números de teléfono al lado del teléfono.

La Enfermedad de Alzheimer

- Consiga un calendario con números grandes. Vaya marcando los días en el calendario.

- Si toma medicamentos:

  - Use cajas de pastillas para que le ayuden a acordarse de qué medicamentos tiene que tomar.

  - Haga una lista de los medicamentos que toma.

  - Pregúntele a su médico o enfermera si su plan diario para tomar medicamentos pudiera hacerse más fácil.

- Haga una lista de las cosas que tiene que hacer.

- No se apure. Dese mucho tiempo para hacer su trabajo diario.

- Pídale a un amigo o a un familiar que lo llame para recordarle de:

  - Tomar sus medicamentos.

  - Ir a sus citas.

  - Comer sus comidas.

- Coma cada comida a la misma hora todos los días. Consiga el servicio de entrega de comidas a domicilio, si tiene problemas para cocinar o para ir de compras.

- Coloque fotos de sus familiares y amigos donde las pueda ver con frecuencia. Colóqueles una etiqueta con sus nombres, dónde viven y qué hacen.

- Guarde una llave de la casa con un vecino en quien confíe.

- Coloque notas que le recuerden de apagar las cosas como la estufa o la plancha.

- Lleve a alguien con usted cuando salga.

La Enfermedad de Alzheimer

- Pida ayuda si se pierde cuando esté lejos de la casa.

- Dígales a las personas que a usted se le olvidan las cosas y que necesita ayuda.

- Consiga un brazalete de identificación del Programa Regreso

Pare y pida ayuda.

  Seguro de la Asociación del Alzheimer. Llame al 1-800-272-3900.

- Siempre lleve un mapa con la ruta a su casa.

- Haga ejercicio a diario por 30 minutos. Descanse cuando esté cansado.

- Trate de disminuir la tensión emocional en su vida.

- Usted se puede sentir enojado o triste a menudo. Puede que se sienta solo, molesto, preocupado o tonto. Estos sentimientos son parte normal de la enfermedad.

- Las siguientes son algunas cosas que usted puede hacer para ayudar a mejorar sus sentimientos:

  - Pase tiempo cada día haciendo cosas que disfruta. Haga cosas como jardinería, salir a caminar, pescar, jugar golf o ir al cine.

  - Hable con alguien en quien usted confía acerca de sus sentimientos. Hable con su consejero espiritual, su médico o un amigo cercano.

- Trate de aceptar la ayuda de la gente cuando se la ofrecen.

- Hable con las personas del centro de personas mayores sobre sus problemas de memoria.

- Obtenga el servicio de depósito directo de sus cheques del Seguro Social y de su pensión.

- Pídale a un familiar o a un amigo de confianza que le ayude con sus facturas. Lleve a alguien para hablar con un abogado acerca de hacer este arreglo.

- Hable con su familia sobre el tipo de atención médica que usted desea en el futuro. Dígale a su abogado quién es la persona que usted quiere que tome decisiones por usted en el futuro. Prepare unas instrucciones anticipadas. (Vea la página 46).

- Hable con su familia acerca de dónde usted quiere vivir si ya no puede vivir solo. Puede que usted quiera compartir con un compañero de casa o vivir con su familia.

- Infórmese sobre los lugares que ofrecen ayuda con las actividades de la vida diaria. Estos lugares tienen personal que le ayudan con cosas como las comidas y a vestirse.

- Piense acerca de ir a un programa de cuidado para adultos.

- Pregúntele a su médico o enfermera si usted debería tener atención médica en el hogar.

¿Cuándo debo llamar al médico o a la enfermera?

- Si piensa que su memoria está empeorando.

- Para hacer un plan para tomarse los medicamentos que sea fácil de seguir.

- Para preguntar si todavía es seguro que usted maneje.

- Para informarse acerca de la ayuda para cosas como las comidas, ir de compras o hacer cosas en la casa.

- Para informarse acerca de programas que le pueden ayudar.

- En cualquier momento que tenga un problema de salud nuevo.

- Para aprender sobre nuevos medicamentos de los que usted se haya enterado.

La Depresión

¿Qué es?

La depresión es una enfermedad. Puede cambiar los pensamientos, los sentimientos y la salud de una persona. Cambia la manera en que una persona se ve y cómo actúa. Estas personas a menudo se ven tristes, melancólicas o infelices.

¿Qué necesito saber?

- Muchas personas mayores se deprimen.
- Muchas personas se deprimen en algún momento de sus vidas.
- Los cambios del cuerpo que suceden al envejecer pueden causar la depresión.
- Las mujeres mayores se deprimen más a menudo que los hombres.
- Las personas mayores a menudo se sienten más deprimidas temprano en la mañana.
- Algunos síntomas de la depresión son:
  - Ya no tiene interés por las cosas que antes disfrutaba.
  - Se siente triste o cansado todo el tiempo y sin razón.
  - Llora sin motivo.
  - Le cuesta trabajo tomar decisiones sobre las cosas de la vida diaria.

- No puede enfocar sus pensamientos.
- A menudo piensa en la muerte.
- Piensa sobre el suicidio.
- Siempre está preocupado.
- No tiene apetito.
- Duerme demasiado o muy poco.

- La depresión puede ser causada por muchas cosas tales como:
  - La muerte de una persona amada.
  - Algunos medicamentos.
  - El tomar cerveza, vino o trago.
  - Los problemas de dinero.
  - Los problemas matrimoniales.
  - Los problemas médicos.
  - El pensar sobre las cosas malas de la vida.

- Una persona necesita ayuda con los síntomas de la depresión si los tiene todos los días por más de 2 semanas.

- La depresión se puede tratar. El tratamiento temprano evita que se empeore.

- La mayoría de las personas que sufren de depresión no tienen que ir a un hospital. La depresión a menudo se trata con medicamentos y con consejería.

- Algunas personas son enviadas a ver un especialista para la depresión:

- El psiquiatra: un médico con capacitación especial sobre los problemas mentales y emocionales. Puede recetar medicamentos.

- El psicólogo: una persona con un grado especial en psicología y entrenamiento en consejería, en hacer exámenes y en terapia. No puede recetar medicamentos.

- A veces los trabajadores sociales médicos y otros trabajadores de la salud tratan la depresión.

¿Qué puedo hacer por mí mismo?

- Vaya a ver a su médico si tiene síntomas de depresión. No se va a mejorar por sí solo.

- Algunas cosas que usted puede hacer para superar la depresión:

  - No espere hacer todas las cosas que usted hacía antes. Planee hacer unas cuantas cosas fáciles cada día.

  - No crea todos los malos pensamientos que usted tenga, como el sentimiento de desesperación.

  - Haga cosas que lo hagan sentir bien. Haga cosas que sabe que puede hacer.

  - Deje para después el hacer las cosas difíciles o las decisiones importantes. Si tiene que tomar una decisión importante, pida que alguien de confianza le ayude.

  - No tome cerveza, vino o trago.

  - Haga ejercicio tan a menudo como pueda. El ejercicio le ayudará a sentirse mejor.

- Tenga presente que el tratar la depresión se tarda un poco.

- Considere conseguir una mascota.

- Usted va a aprovechar al máximo su tratamiento si hace las siguientes 6 cosas:

  1. Vaya a todas las citas con su médico. Siga yendo aunque se sienta mejor.

  2. Hable con su médico o trabajador de la salud acerca de los medicamentos que usted está tomando. Cuéntele sobre los medicamentos que usted compra en la farmacia o en la tienda de alimentos saludables.

  3. Haga preguntas. No hay preguntas tontas. Las preguntas le ayudarán a usted y a su médico o enfermera a trabajar mejor en conjunto.

  4. Tome sus medicamentos hasta que le digan que los tome. No deje de tomarlos si se siente mejor.

  5. Infórmele a su médico o trabajador de la salud si los medicamentos lo están empeorando.

  6. Dígale a su médico o trabajador de la salud cómo le está yendo con el medicamento y cómo se está sintiendo.

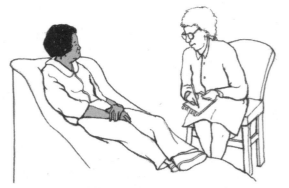

Dígale a su médico cómo se siente.

¿Cuándo debo llamar al médico o a la enfermera?

- Si piensa en hacerle daño a alguien o en suicidarse.

- Si siente que está deprimido.

- Si todavía se siente muy deprimido después de
  2 semanas de tratamiento.

El Orinarse Involuntariamente (La incontinencia)

¿Qué es?

La incontinencia es no poder aguantar la orina y gotear orina en contra de su voluntad. A esto se le llama incontinencia urinaria.

¿Qué necesito saber?

- No es normal que gotee orina. Este problema se puede mejorar o curar. No le dé vergüenza pedirle ayuda a su médico.

- Algunas cosas que pueden causar que se orine involuntariamente son:

  - Una infección en la vejiga o en el tubo que saca la orina del cuerpo.

  - Algunos medicamentos.

  - Músculos débiles alrededor del lugar por donde sale la orina. A estos músculos se les llama los músculos pélvicos.

  - El estreñimiento. Vea la página 151.

  - Si hay algo que bloquea el tubo que saca la orina del cuerpo.

  - El no poder llegar a un baño con facilidad.

El Orinarse Involuntariamente

- Los siguientes son algunos síntomas de este problema:
  - Gotea orina cuando tose, estornuda, se ríe, carga objetos pesados o se levanta de una silla.
  - No se puede aguantar las ganas de orinar lo suficiente como para llegar al baño.
  - Usted orina cada una o dos horas.
  - Se orina en la cama.
  - Nunca siente que su vejiga está vacía.
  - Le cuesta llegar hasta el baño por que tiene artritis u otro problema de salud.
- Los hombres que tienen una próstata grande pueden tener problemas para aguantar la orina.
- Hay unos ejercicios que las mujeres pueden hacer. Estos ejercicios fortalecen los músculos que controlan la orina. A estos se les llaman ejercicios Kegels y se hacen de la siguiente manera:
  - Apriete sus músculos como si fuera a parar de orinar sin haber terminado.
  - Sosténgalos apretados por 3 segundos.
  - Relájelos por 3 segundos.
  - Estos tres pasos cuentan como un Kegel.
- Haga 15 Kegels, 3 veces al día, por 6 semanas. Esto ha ayudado a muchas mujeres a controlar su orina.
- Usted puede hacer Kegels en cualquier parte. Hágalos mientras ve televisión, lee un libro o lava los platos.

- Existen medicamentos que su médico le puede recetar para ayudarle a aguantar su orina.

- Puede necesitar una operación para solucionar este problema.

- Existen muchos tipos de toallas sanitarias que usted puede usar para mantenerse seco.

¿Qué puedo hacer por mí mismo?

- Lo primero que debe hacer es ver a su médico. Entérese por qué usted se está orinando involuntariamente. Infórmele al médico y a la enfermera sobre todos los medicamentos que esté tomando.

- No reduzca su consumo de líquidos.

- Use ropa que sea fácil de quitar en el baño. Use una toalla sanitaria para mantenerse seco.

- Asegúrese que el camino al baño esté despejado para que no se vaya a tropezar con nada.

- Coloque en el baño una lámpara que se mantenga prendida toda la noche.

- Los hombres pueden tener un orinal (recipiente) al lado de la cama.

- Vacíe su vejiga antes de acostarse.

- Evite el café, el té, la cerveza, el vino o el trago. Estos causan que orine más.

- No tome líquidos en la noche antes de acostarse.

El Orinarse Involuntariamente

- Trate de orinar durante el día en un horario fijo. Empiece yendo cada 2 horas. Cuando ya pueda aguantarse por 2 horas, aumente el tiempo a 3 horas.
- Las mujeres pueden hacer los ejercicios de Kegel.

¿Cuándo debo llamar al médico o a la enfermera?

- Si gotea orina.
- Si de repente no puede aguantar su orina.
- Si tiene ardor o dolor cuando orina.
- Si tiene sangre en la orina.
- Si tiene fiebre.
- Si se levanta más de 3 veces por noche para orinar.
- Si tiene problemas para orinar.
- Si antes de empezar a orinar gotea y se tiene que esforzar.

La Osteoporosis

¿Qué es?

La osteoporosis es una pérdida de la masa del hueso. Los huesos se ponen más delgados, débiles y se pueden romper fácilmente.

¿Qué necesito saber?

- La osteoporosis es más común en:
    - Las personas delgadas.
    - Las mujeres anglosajonas y las asiáticas.
    - Las personas que toman medicamentos llamados esteroides.
    - Las mujeres que no toman estrógeno y que se les ha sacado la matriz.
    - Las personas que fuman.
- Con esta enfermedad, los huesos se pueden romper de un estornudo o de cargar algo pesado.
- Los huesos que se quiebran más a menudo son las caderas, la espalda y la muñeca.
- Hay cosas que la gente puede hacer para prevenir la pérdida de la masa de los huesos. Las tres cosas más importantes son:
    1. Hacer ejercicio a diario.
    2. Una dieta saludable.
    3. Tomar calcio adicional.

- Las personas mayores necesitan hacer ejercicio por lo menos 30 minutos, 3 veces a la semana. Es mejor hacer ejercicio todos los días. El caminar, subir escaleras y levantar pesas ligeras son buenos ejercicios para las personas mayores. Estos ejercicios se llaman ejercicios para sostener peso y ayudan a parar la pérdida de masa de los huesos.

El ejercicio para la pérdida de masa de los huesos.

- Coma comidas ricas en calcio, vitamina D y proteína. Usted los necesita para mantener sus huesos fuertes. El pescado, la leche y los productos lácteos tienen mucho calcio. La leche descremada tiene tanto calcio como la leche regular.

- Usted puede obtener la cantidad de calcio y de vitamina D que necesita diariamente si toma 24 onzas (3 vasos) de leche descremada todos los días.

- 2½ tazas de yogur o 5 onzas de queso también le dan todo el calcio que usted necesita.

- Muchas personas mayores no consumen el calcio o la vitamina D necesarios para su dieta. Necesitan tomar pastillas de calcio y vitamina D. Hable con su médico sobre la cantidad que debe tomar.

- Mucho calcio puede ser malo si tiene otros problemas de salud como los cálculos en el riñón.

¿Qué puedo hacer por mí mismo?

- Coma una dieta saludable. Pregúntele a su médico si tiene que tomar calcio adicional, vitamina D o medicamentos para mantener sus huesos fuertes.

- Pregúntele a su médico si alguno de sus medicamentos pueden causar que sus huesos se debiliten.

- Asegúrese de informarle al médico sobre:
  - Familiares que han tenido osteoporosis.
  - Familiares que se han quebrado la cadera.
  - Dolor en los huesos.

- Comience un programa de ejercicio. El caminar 30 minutos al día es un buen ejercicio. Anime a otras personas mayores a caminar con usted. Asegúrese de usar buenos zapatos para caminar.

- Hay gimnasios y centros de aptitud física que ofrecen clases especiales para las personas mayores. Pregúnteles a sus amigos y busque en Internet.

- Mantenga su hogar seguro para prevenir caídas. Lea los consejos de seguridad en la página 2.

- Si fuma, trate de dejar de fumar. El fumar hace que los huesos se pongan más delgados.

- Mucho alcohol evita que el cuerpo pueda hacer nuevo material para los huesos. No tome más de 1 ó 2 vasos de cerveza, vino o trago por día.

¿Cuándo debo llamar al médico o a la enfermera?

- Si tiene preguntas sobre el tomar calcio.

- Si quiere saber si tiene osteoporosis.

- Si quiere hablar acerca de tomar medicamentos
  para la pérdida de la masa de los huesos.

- Si tiene dolor en los huesos.

- Si se ha caído.

Los Problemas de la Próstata

¿En qué consiste?

La próstata es una glándula que se encuentra en la parte de abajo de la vejiga de los hombres. Los problemas de la próstata son comunes en los hombres mayores de 65 años. Al envejecer, la próstata se hace más grande.

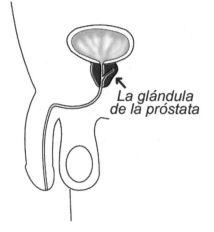

La glándula de la próstata

¿Qué necesito saber?

- A medida que la próstata se agranda, ésta puede presionar el tubo que lleva la orina. Esto puede bloquear la orina.

- Los síntomas de los problemas de la próstata son:

  - Siente que tiene que orinar inmediatamente.

  - Gotea orina.

  - Se levanta más de 2 veces en la noche para orinar.

  - Siente como que le queda orina que no sale.

  - Siente un ardor cuando orina.

  - Se tiene que esforzar para empezar a orinar.

- El cáncer de la próstata es el cáncer más común entre los hombres mayores de 50 años. Existe un examen de sangre que indica si un hombre tiene cáncer de la próstata.

¿Qué puedo hacer por mí mismo?

- Orine cuando a penas sienta los deseos de orinar. No espere. Si la vejiga se llena mucho, la orina puede irritar la próstata.

- Tenga relaciones sexuales tan a menudo como pueda. La eyaculación es buena para la próstata.

- Hágase chequear su próstata cada año por su médico o su enfermero.

- Hay medicamentos que le pueden ayudar si su próstata se ha agrandado. Pregúntele a su médico si usted necesita tomar alguno de estos medicamentos.

- Dígale a su médico si está tomando remedios herbales.

¿Cuándo debo llamar al médico o a la enfermera?

- Si orina muy a menudo.
- Si tiene problemas para orinar.
- Si gotea orina.

Los Problemas de la Próstata

- Si se levanta más de 2 veces en la noche para orinar.

- Si tiene sangre en la orina.

- Si siente como que no puede vaciar su vejiga. Llame a su médico inmediatamente si trata de orinar y no puede.

- Si quiere tener un examen de cáncer de la próstata.

La Insolación y la Postración Debido al Calor

¿De qué se trata?

Esto pasa cuando el cuerpo se calienta demasiado. Esto es una condición médica grave pues puede ser dañino para el cerebro y causar la muerte.

¿Qué necesito saber?

- Con la edad, el cuerpo no se ajusta bien al clima caliente.

- El sudar ayuda a enfriar el cuerpo, pero las personas mayores sudan menos.

- Las personas mayores pueden no sentir sed aun cuando sus cuerpos estén bajos en líquidos. Así se pueden deshidratar. Esta es una mala condición médica.

- Los síntomas de la insolación y de la postración debido al calor son:
  - Los latidos del corazón son más lentos o más rápidos.
  - La piel se pone fría y húmeda.
  - La piel se pone pálida o gris.
  - La persona se siente confundida.
  - Sensación de sed.
  - La persona se siente débil o a punto de desmayarse.
  - Calambres en los músculos.

- La orina sale de color amarillo o anaranjado.
- Molestia estomacal o vómito.

- Algunas enfermedades hacen que las personas mayores se acaloren más rápido:
  - Las enfermedades del corazón
  - La diabetes
  - La mala circulación
- Algunos medicamentos causan que algunas personas tengan más riesgo de tener insolación.

¿Qué puedo hacer por mí mismo?

- En climas calientes, use ropa de algodón floja y delgada. No use muchas capas de ropa.

- Siempre tenga un vaso de agua o de jugo a la mano. Tome sorbos a menudo. No espere hasta que se sienta con sed. Puede que usted no sienta sed aún si su cuerpo necesita más agua.

- Tome de 6 a 8 vasos de líquido durante el día. Haga esto a menos de que su médico le haya dicho que limite la cantidad de líquido que toma.

Tome agua para mantenerse fresco en climas calientes.

La Insolación y la Postración Debido al Calor

- Intente no tomar mucho café, cerveza, vino ni alcohol.

- Airee su casa. Abra las ventanas. Use un ventilador (abanico) o use el aire acondicionado.

- Cubra las ventanas que permiten que el sol entre directamente. Mantenga las persianas cerradas durante las horas más calientes del día.

- Dúchese o báñese con agua fresca (moderadamente fría).

- No tome pastillas de sal.

- No haga mucho trabajo cuando hace calor.

- Prepare ensaladas y comidas frías para que no se caliente la casa aún más.

- Quédese dentro de la casa en los días más calientes. Si su casa es caliente, vaya al cine, a la biblioteca, o a un centro comercial que esté fresco.

- Si tiene que salir cuando hace calor, haga lo siguiente:

  - Tome 8 onzas de agua antes de que salga de la casa.

  - Tome 6 onzas de líquido por cada 20 minutos que esté en el calor.

  - Use un sombrero de ala ancha.

  - Use un bloqueador solar con factor de protección solar (SPF, en inglés) de 15 o más alto.

  - No haga ningún trabajo en el calor.

La Insolación y la Postración Debido al Calor

- Hable con su médico si el calor lo enferma. Nunca deje de tomar medicamentos sin hablar con su médico.

¿Cuándo debo llamar al médico o a la enfermera?

- Si se ha tratado de mantener fresco, pero el calor le está enfermando.

El Tener Demasiado Frío

¿De qué se trata?

Las personas mayores no se adaptan tan bien al frío como cuando estaban jóvenes. Sus cuerpos se enfrían demasiado.

¿Qué necesito saber?

- Con la edad, el cuerpo produce menos calor para mantenerse tibio y tampoco guarda el calor tan bien.

- Muchas personas mayores no pueden sentir los cambios en la temperatura del ambiente como la gente joven. Puede que no note que un cuarto está demasiado frío. Puede que no note que usted no está vestido con la ropa que lo mantendrá lo suficientemente tibio.

- Las personas mayores tienen que proteger sus cuerpos de que se pongan demasiado fríos. Esto puede suceder si usted está afuera por mucho tiempo en un clima frío. También puede pasar si su casa es demasiado fría.

- Las personas mayores que son muy delgadas tienen mayor riesgo de pasar demasiado frío. Si usted está muy delgado, ya no tiene la grasa del cuerpo para protegerlo del frío, necesita ponerse más ropa.

- Usted se puede morir si su cuerpo se pone demasiado frío. A esto se le llama hipotermia.

El Tener Demasiado Frío

- Algunos síntomas de la temperatura baja del cuerpo son:
  - Sentirse confundido.
  - Sentirse con sueño.
  - Hablar de una manera que no se le entiende.
  - La tembladera.
  - El latido del corazón es más lento.
  - Los dedos de las manos y de los pies y los labios se ponen morados.
- Los siguientes problemas de salud hacen que las personas mayores tengan más riesgo de tener temperaturas bajas del cuerpo:
  - La enfermedad de la tiroides
  - Un derrame cerebral
  - La enfermedad de Parkinson
  - La diabetes

¿Qué puedo hacer por mí mismo?

- Caliente los cuartos que usa. Mantenga la temperatura en su casa sobre los 68 grados Fahrenheit o 20 grados centígrados.
- Infórmese si puede conseguir dinero para insular su casa o para pagar sus facturas de la calefacción. Infórmese con su compañía de gas o su centro local de personas mayores.
- No trate de calentar su casa prendiendo el horno o quemando carbón.
- Asegúrese de que tiene ropa calurosa de invierno.

El Tener Demasiado Frío

- Asegúrese de que tiene un lugar cálido para vivir antes de que llegue el invierno.

- Use capas adicionales de ropa para mantenerse caluroso. Use un sombrero, una bufanda y guantes cuando salga. Use un gorro y calcetines para dormir en la noche.

Use bastante ropa en climas fríos.

- Si se moja la ropa en la lluvia o en la nieve, póngase ropa seca lo más pronto posible. La ropa mojada le roba el calor del cuerpo y hace que se sienta frío.

- Manténgase en movimiento. El cuerpo produce más calor si se está moviendo.

- Las pastillas para dormir, las pastillas para los nervios y los medicamentos para la gripa pueden hacer que le dé sueño. No los tome si vive en una casa fría. Consulte a su médico antes de dejar de tomar los medicamentos si él o ella le ha dicho que los tome.

- No fume cigarrillos cuando hace frío. El fumar hace que su sangre circule más lentamente a sus manos y a sus pies.

- Tome líquidos tibios, no calientes, para calentar su cuerpo.

- Tenga bastantes cobijas calurosas, pantuflas, ropa interior de mangas largas y gorros.
- Si usted usa una cobija eléctrica:
  - No meta las esquinas de la cobija debajo del colchón.
  - No coloque nada encima de la cobija.
  - No deje que las mascotas duerman encima de la cobija.
- Si usa un calentador portátil, manténgalo a 3 pies de distancia de todo.

¿Cuándo debo llamar al médico o a la enfermera?

- Si las cosas que hace para mantenerse caluroso no funcionan.
- Si necesita preguntar sobre los medicamentos que pueden hacerlo sentir frío.
- Si necesita ayuda para pagar por la calefacción en su casa.
- Si su calentador se daña en el clima frío.

Lista de Palabras

A

- **abuso**—El daño que se le hace a una persona. Pueden ser cosas como golpear, robar, burlarse o no proteger o cuidar a la persona.

- **agarraderas**—Las agarraderas en las tinas, regaderas y paredes para que las personas puedan sujetarse.

- **alcohólico**—Una persona que no tiene control sobre cuánto alcohol él o ella toma.

- **alergia**—Enfermarse con síntomas como comezón, estornudos, ronchas, dificultad para respirar o hasta perder la conciencia debido a ciertos medicamentos, comidas, plantas, polvo u otras cosas.

- **apelación**—El derecho de preguntarle al seguro Medicare sobre algo que no se pagó y que usted pensaba que Medicare cubría.

- **apetito**—El deseo normal por la comida.

- **artritis**—Dolor, dureza o hinchazón de las coyunturas.

- **atención médica urgente**—Atención médica que usted recibe cuando está enfermo y necesita atención inmediatamente, pero usted sabe que la enfermedad no es una emergencia y no le causará la muerte o le hará daño.

Lista de Palabras

C

- **calcio**—Un mineral que se encuentra en los huesos y en los dientes y los hace fuertes.

- **catarata**—El lente del ojo se vuelve nublado y la persona no puede ver.

- **cerviz**—El cuello de la matriz (órgano de la mujer).

- **cita**—La hora del día en la cual usted va a la consulta médica o visita la clínica.

- **clínica**—Otra manera de decir consultorio médico.

- **clínica de atención en el mismo día**—Un lugar para ir a ver a un médico o proveedor de atención médica sin una cita.

- **cobertura**—El tipo de seguro.

- **colesterol**—Una forma de grasa que es la mayor causa de las enfermedades del corazón en los hombres y en las mujeres. El colesterol bloquea la circulación de la sangre.

- **concentrarse**—El pensar en una sola cosa.

- **condón**—Una cobertura de hule que se pone en el pene erecto (duro) antes de tener relaciones sexuales. Previene el embarazo y muchas enfermedades de transmisión sexual. También se le llama gorrito.

- **credenciales**—La licencia y los documentos que demuestran que alguien puede ejercer legalmente la medicina o proveer otro tipo de cuidados de salud.

D

- **débil**—Pérdida de la fuerza y la consistencia de los músculos.

- **deducible**—La cantidad que usted tiene que pagar por la atención médica.

- **degeneración macular**—La parte central del ojo se desmorona y resulta en la pérdida lenta de la vista.

- **depresión**—El sentirse triste todo el tiempo.

- **detector de humo**—Un aparato que hace un ruido fuerte cuando hay humo de un incendio.

- **diabetes**—Una enfermedad en la cual hay mucha azúcar en la sangre.

- **dieta**—Los alimentos que come cada día.

E

- **efectos adversos**—Los efectos de los medicamentos que son diferentes a los efectos para los cuales fueron diseñados.

- **ejercicio**—El movimiento del cuerpo que hace que los latidos del corazón y la respiración sean más rápidos.

- **emergencia**—Un problema médico que puede causar daño permanente o la muerte, como una hemorragia o problemas para respirar.

- **emociones**—Los sentimientos.

- **enfermedad**—Problema de salud; tener un mal o una dolencia y una salud deficiente.

- **enfermedad de Alzheimer**—Una enfermedad del cerebro que causa que las personas se olviden de las cosas.

- **enfermedades venéreas (Enfermedades de Transmisión Sexual)**—Las enfermedades que se contagian a través de las relaciones sexuales.

- **erección**—Un pene parado o duro.

- **especialista**—Médico con una capacitación especial que se enfoca muy a fondo en una parte del cuerpo o en un sistema del cuerpo.

- **estreñimiento**—Dificultad para hacer del baño (eliminar las heces).

- **examen físico**—Un médico u otro proveedor de atención médica lo examina y le hace análisis de sangre o rayos equis.

- **excremento**—La sobra sólida, no digerida, que sale del cuerpo al hacer del baño (heces).

- **expediente médico**—Un archivo que contiene todos los documentos de un paciente.

- **eyacular**—Cuando el semen sale del pene en las relaciones sexuales.

F

- **farmacéutico**—Una persona que prepara los medicamentos que el médico receta. El farmacéutico le puede ayudar con los medicamentos sin receta médica y con otros artículos médicos.

- **fibra**—La parte de las plantas como frutas, verduras y granos que el cuerpo no puede digerir o usar. El comer fibra ayuda al cuerpo a deshacerse de las sobras sólidas.

G

- **genéricos**—Medicamentos y otros productos que cuestan menos y que no tienen marcas comerciales.
- **glaucoma**—Una enfermedad de los ojos en la cual la presión dentro del ojo es muy alta y no permite que el ojo funcione.

H

- **hierbas**—Plantas medicinales.
- **hormonas**—Químicos del cuerpo que hacen que el cuerpo haga ciertas cosas.
- **hospicio**—Un equipo de personas que le presta atención y cuidados a una persona y a su familia cuando ésta está cerca del final de su vida.

I

- **incapacidad**—El no poder trabajar por razones de enfermedad o por estar lesionado.
- **infección**—Enfermedad causada por gérmenes que no se pueden ver. Una infección puede darse dentro del cuerpo o en la piel. Los síntomas de una infección son la piel enrojecida, caliente, dolor y líquido o pus que sale de la piel.

- **inmunizaciones**—Las inyecciones que se le dan a la gente para que no les de ciertas enfermedades.

- **insomnio**—El no poder dormir.

- **instalación de cuidados por enfermeras calificadas**—Un lugar para ir cuando ya no necesita estar hospitalizado pero todavía está muy enfermo para irse a su casa. También se le llama un hogar de cuidados por enfermeras calificadas.

- **instrucciones anticipadas**—Un documento legal que usted prepara y en el que dice el tipo de atención médica que desea en caso de que esté tan enfermo que no pueda hablar. En este documento también puede nombrar a alguien que usted escoja para tomar decisiones por usted en caso que usted no se encuentra bien para hacerlo. Cada estado tiene sus propias leyes respecto a las instrucciones anticipadas.

- **íntimo**—Contacto cercano con otra persona que es privado y personal.

M

- **mamograma**—Una radiografía del seno para detectar el cáncer.

- **masturbación**—Cuando una persona usa su mano para satisfacer su propio deseo sexual.

- **medicamentos**—Las cosas que usted toma para sentirse mejor.

- **medicamentos sin receta médica**—Los medicamentos que se pueden comprar sin la receta de un médico tales como la aspirina, las vitaminas y los jarabes para la tos.

Lista de Palabras

- **Medicare HMO**—Un seguro especial del gobierno para las personas mayores.

- **médico general**—Un médico o una enfermera que le ayuda a mantenerse saludable y a quien usted acude cuando está enfermo. El médico general es igual que su médico personal.

- **mental**—De la mente, parte del cerebro que nos sirve para pensar.

- **monóxido de carbono**—Un gas que no tiene color ni olor.

- **muestras gratis**—Las pequeñas dosis de medicamentos que un médico o una enfermera le pueden dar cuando usted está en el consultorio o en la clínica.

N

- **nutrientes**—Los elementos o materiales de los alimentos que el cuerpo usa.

O

- **operación**—Cuando el médico hace una incisión (una cortada) en el cuerpo para corregir un problema de salud.

- **orina**—Orines (pipi).

P

- **paciente no hospitalizado**—Cuando alguien va a un hospital para recibir atención médica o exámenes solamente y no pasa ni una noche internado en el hospital.

- **paramédico**—Persona entrenada para dar atención médica de emergencia. Usualmente en las ambulancias.

- **Plan Medicare Advantage**—Un plan de Medicare de la Parte C ofrecido por empresas de seguro de salud.

- **podiatra**—Un médico especialista en el tratamiento de los pies.

- **próstata**—Una glándula de los hombres que tiene la forma de una rosca y que está debajo de la vejiga. La glándula hace el líquido que lleva los espermatozoides durante la eyaculación. Esta glándula se agranda y puede causar cáncer y problemas al orinar.

- **pulmonía**—Una infección de los pulmones.

R

- **receta médica**—Una orden del médico para los medicamentos escrita en una hoja de papel.

- **referencias**—Cuando lo envían a ver a otro médico o a otra oficina para recibir otros servicios o para recibir atención adicional que su médico general no le puede brindar.

- **relación**—Cuando dos personas que se conocen comparten información personal.

S

- **seguro compartido**—La parte del costo que usted tiene que pagar.

- **seguro Medicaid**—Un programa de los gobiernos estatales y federales para las personas de bajos ingresos y pocos recursos.

- **seguro Medicare**—La parte de atención médica del programa del Seguro Social para personas mayores de 65 años. La Parte A cubre la atención médica en el hospital. La Parte B cubre la atención médica por parte del médico general y otros servicios que usted recibe cuando no está hospitalizado.

- **seguro Medigap**—Un seguro privado que paga la atención médica que Medicare no paga.

- **Seguro Social**—Un programa de seguro del gobierno federal para los estadounidenses que trabajan. Este programa paga por el seguro Medicare.

- **SIDA (Síndrome de Immuno-Deficiencia Adquirida)**—Una enfermedad que se contagia a través de las relaciones sexuales o del uso de drogas inyectadas. Es una enfermedad grave que causa la muerte.

- **sífilis**—Una enfermedad que se contagia de persona a persona durante las relaciones sexuales.

- **Surtir de nuevo la receta**—Un número escrito en la etiqueta de los medicamentos recetados que indica cuántas veces usted puede volver a surtir los mismos medicamentos sin tener que ver al médico o a la enfermera.

T

- **terapia**—El tratamiento de una enfermedad.

- **testamento en vida**—Un tipo de instrucciones anticipadas. Un documento legal que indica cuáles son sus deseos al final de la vida con respecto al tratamiento médico en caso de que usted no pueda hablar.

- **tétano**—Trismo. Una enfermedad infecciosa que causa la muerte.

- **tratamiento**—Lo que hace un médico o una enfermera como cirugía o medicamentos.

V

- **vacuna de refuerzo**—Otra vacuna de la cual usted ya ha tenido una dosis en el pasado y se pone otra para mantenerse bien.

- **vacunas**—Los medicamentos que se aplican con una jeringa para prevenir que le dé ciertas enfermedades.

- **vagina**—Apertura y entrada a la matriz (al vientre) de una mujer.

- **vegetariana**—Una comida o dieta sin carne.

- **vitaminas**—Lo que se encuentra en la comida que es utilizado por el cuerpo.

Contenido de Este Libro de la A a la Z

Contenido de Este Libro de la A a la Z

Contenido de Este Libro de la A a la Z

Contenido de Este Libro de la A a la Z

Contenido de Este Libro de la A a la Z

Contenido de Este Libro de la A a la Z

Contenido de Este Libro de la A a la Z

Personas a Quienes Deseamos Agradecer

Deseamos agradecer a las siguientes personas por su ayuda con este libro.

Harriet Udin Aronow, Ph.D.

Mary Ann Blue, R.N., B.S.H.S.

Robert H. Brumfield, Jr., M.D.

Eleanor P. Coy

Ruth E. Ditsch, R.N., B.A.

Consuelo S. Flores, B.S.

Rose Gilbert

Moataz K. Giurgius, M.D.

Gino Hasler

Elizabeth Heck, M.S.W.

Marilyn Hendricks, R.N., M.B.A.

Lorré Hindman, R.N., B.S.N.

Jocelyn Jenkins-Bautista, G.N.P.

Neva Johnson, B.A.

Denis Kitayama, PharmD.

Ann Kuklierus, R.N.

Ruth P. Lewis, R.N.

Gloria Mayer, R.N., Ed.D.

Thomas R. Mayer, M.D.

Muriel Medina, Ph.D.

Reneé J. Merolli, R.N., M.A.

Duane Mitchell

Lynne Mumaw, R.N.

Phyllis V. Mumaw, B.S.

Cathy Murphree, R.N.

Earl Parliman

Mary Ann T. Railey, B.A.

Dolores Ramos, R.D.H.

Audrey Riffenburgh, M.A.

Florence M. Schwab

Alan C. Schwartz, M.D.

Raúl Sobero, B.S.

W. Edna Taylor

Rosemary C. Treacy, M.Ed.

Amelia Velasquez

Nancy Ann Whyte, B.A.

Marjorie S. Zahner, R.N.

Apuntes

Otros Libros de la Serie

ISBN 0-9701245-0-3
$12.95

Qué Hacer Cuando Su Niño Se Enferme*

Hay mucho que puede hacer para su hijo en su casa. Finalmente, un libro que es fácil de leer y fácil de usar, escrito por dos enfermeras informadas. Este libro le dirá:

- Qué observar cuando su hijo se enferme.
- Cuándo llamar al médico.
- Cómo tomarle la temperatura.
- Qué hacer cuando a su hijo le da la gripe.
- Cómo curar cortadas y raspaduras.
- Qué comidas prepararle a su hijo cuando se enferma.
- Cómo parar infecciones.
- Cómo prevenir accidentes en la casa.
- Qué hacer en casos de emergencia.

ISBN 0-9701245-3-8
$12.95

Qué Hacer Para La Salud de los Adolescentes

Los años de la adolescencia son duros para los padres y para los adolescentes. Hay muchas cosas que usted puede hacer para ayudar a su adolescente. Al fin, un libro fácil de leer y fácil de usar escrito por dos enfermeras. Este libro le explica sobre:

- Los cambios en el cuerpo de los adolescentes.
- Cómo prepararse para los años de la adolescencia.
- Cómo hablar con su adolescente.
- Cómo acercarse a su adolescente.
- Cómo ayudar a su adolescente en sus tareas escolares.
- El noviazgo y las relaciones sexuales.
- Cómo mantener a su adolescente sano y salvo.
- Los síntomas de los problemas y dónde obtener ayuda.

También está disponible en inglés.
*También está disponible en vietnamita, chino y coreano.
Para ordenarlo, llame al (800) 434-4633.

Otros Libros de la Serie

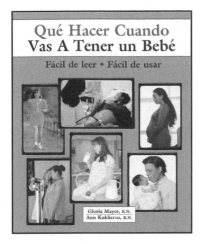

ISBN 0-9701245-7-0
$12.95

Qué Hacer Cuando Vas A Tener un Bebé

Hay muchas cosas que una mujer puede hacer para tener un bebé saludable. Este es un libro fácil de leer y fácil de usar escrito por dos enfermeras que te explica:

- Cómo prepararte para el embarazo.
- La atención médica necesaria durante el embarazo.
- Cosas que no debes hacer estando embarazada.
- Cómo debes cuidarte para tener un bebé saludable.
- Los cambios físicos de cada mes.
- Cosas simples que puedes hacer para sentirte mejor.
- Señales de peligro y que hacer al respecto.
- Todo sobre el parto.
- Cómo alimentar y cuidar a tu nuevo bebé.

ISBN 0-9720148-1-0
$12.95

Qué Hacer Para Tener Dientes Sanos

Es importante el cuidar de sus dientes desde una edad temprana. Este libro le dice cómo hacerlo. También le explica todo sobre los dientes, las encías, y sobre cómo los dentistas trabajan con usted para mantener su dentadura saludable.

- Cómo cuidar sus dientes y sus encías.
- Lo que usted necesita para cuidar sus dientes y sus encías.
- Cómo cuidar sus dientes cuando va a tener un bebé.
- Cómo cuidar los dientes de sus niños.
- Cuándo hay que llamar al dentista.
- Qué se puede esperar en una consulta con el dentista.
- El cuidado dental de las personas mayores.
- Qué hacer si se lastima la boca o los dientes.

**También está disponible en inglés.
Para ordenarlo, llame al (800) 434-4633.**

Otros Libros de la Serie

ISBN 978-0-9720148-7-8
$12.95

Qué Hacer Para El Asma*

Tener un hijo con asma puede asustar. Este libro fácil de leer y de usar le informa qué puede hacer para ayudar a su hijo a tratar el asma:

- Cómo saber si su hijo necesita ayuda de inmediato.
- Señales de que su hijo tiene asma.
- Desencadenantes de un ataque de asma.
- Cómo elaborar un Plan de acción contra el asma.
- Cómo utilizar un medidor de flujo de aire máximo.
- Los diferentes tipos de medicamentos para el asma.
- Cómo asegurarse de que su hijo hace suficiente ejercicio.
- Cómo ayudar a su hijo a tomar sus medicamentos para el asma de inmediato.

ISBN 978-0-9720148-5-4
$12.95

Qué Hacer Para Los Niños con Sobrepeso*

Hay muchas cosas que usted puede hacer para ayudar a su hijo con sobrepeso a tener un estilo de vida saludable. Aquí tiene un libro fácil de leer y de usar que le informa:

- Cómo saber si su hijo tiene sobrepeso.
- Cómo comprar alimentos saludables.
- Cómo tratar con los sentimientos y la autoestima de su hijo con sobrepeso.
- Cómo leer la Etiqueta con información nutricional.
- Desayunos, almuerzos y cenas saludables.
- El tamaño correcto de las porciones.
- Por qué el ejercicio es tan importante.
- Consejos para comer en forma saludable cuando sale a comer afuera.
- Información sobre la diabetes y otros problemas de salud de los niños con sobrepeso.

También está disponible en inglés*.
Para ordenarlo, llame al (800) 434-4633.